古典文獻研究輯刊

三七編

潘美月・杜潔祥 主編

第42冊

韓南及其中國白話小說研究析論

張乃云 著

國家圖書館出版品預行編目資料

韓南及其中國白話小說研究析論／張乃云 著 -- 初版 -- 新北
市：花木蘭文化事業有限公司，2023〔民112〕
目 4+170 面；19×26 公分
（古典文獻研究輯刊 三七編；第 42 冊）
ISBN 978-626-344-505-5（精裝）
1.CST：韓南（Hanan, Patrick, 1927-2014）2.CST：白話小說
3.CST：中國小說 4.CST：研究考訂 5.CST：文學評論
011.08   112010539

ISBN-978-626-344-505-5

9 786263 445055

古典文獻研究輯刊
三七編　第四二冊　　　　　　　ISBN：978-626-344-505-5

韓南及其中國白話小說研究析論

作　　者　張乃云
主　　編　潘美月、杜潔祥
總 編 輯　杜潔祥
副總編輯　楊嘉樂
編輯主任　許郁翎
編　　輯　張雅淋、潘玟靜　美術編輯　陳逸婷
出　　版　花木蘭文化事業有限公司
發 行 人　高小娟
聯絡地址　235 新北市中和區中安街七二號十三樓
　　　　　電話：02-2923-1455／傳真：02-2923-1452
網　　址　http://www.huamulan.tw 信箱 service@huamulans.com
印　　刷　普羅文化出版廣告事業
初　　版　2023 年 9 月
定　　價　三七編 58 冊（精裝）新台幣 150,000 元　　版權所有·請勿翻印

韓南及其中國白話小說研究析論

張乃云 著

作者簡介

張乃云，台灣省雲林縣人，1990 年生。銘傳大學應用中文系畢業，國立雲林科技大學漢學所碩士畢業。碩士論文《韓南及其中國白話小說研究析論》。研究所期間，承蒙恩師李哲賢指導，得一窺美國漢學的浩瀚領域，目前雖未投身研究行列，仍希望有朝一日能繼續美國漢學的研究。

提　　要

　　韓南（Patrick　Hanan，1927 ～ 2014）在西方漢學界頗負盛名。他是哈佛大學東亞系中國古典文學教授，曾任哈佛燕京學社第一位研究中國文學的社長，大力推動中美學術交流。韓南對中國古典小說的研究有著不可抹滅的功績，除了《金瓶梅》及《紅樓夢》的研究外，在白話小說研究、李漁研究以及言情小說研究等方面，都提出許多新的發現及獨到見解。他提出「風格判準」（Style　Criteria），利用寫作風格、用詞等，來推論一些無法確定寫作時期作品的寫作時期，他也從敘事學的角度出發，應用西方敘事理論詮釋中國白話小說的特色之處。韓南的研究之所以備受推崇，主要是由於他對考證所下的功夫，許多鮮為人知的文獻材料都是由於他的發現及使用，才開始為學術界所知。

　　韓南對中國白話小說的研究有其獨特性，他是第一位針對中國白話小說編者提出疑問的學者，透過「風格判準」，他將中國白話短篇小說做了時間的分期推斷，韓南對於中國白話小說的研究實可作為中國學界研究之借鏡。他貫通中西的學術觀點、嚴謹的科學研究方法，對其後的美國漢學界研究亦有重大且深遠的影響。

　　雖然，韓南是美國漢學界研究中國白話小說的大家，然而，有關韓南的研究，台灣迄今尚未有全面而深入的探討，因此，本文針對韓南在美國從事中國白話小說研究所發表的英文論著及各期刊發表的論文為準，就其研究成果作一整體析論，希望提供中文學界之參考與借鏡，並說明其未來可能之研究發展方向。

目

次

第一章　緒　論

第一節　研究動機與目的

　　古典白話小說的確立在中國文學史上是一個重要的里程碑，從宋元話本開始，文言與白話融合的文體慢慢摻雜，雖然一開始的小說文字較為粗糙，但經過不斷的洗鍊發展出更為成熟的文體。古典白話文學將文學從文人雅士專業項目開始慢慢推廣至一般百姓皆能欣賞的文體，小說也在明、清兩代進入了黃金時期。中文學界對於古典白話小說的研究成果豐碩，近幾年來光是博碩士論文、期刊發表論文就高達數百篇，內容涉及婦女觀、時代背景、宗教觀、形象研究、思想等等各方面。而美國漢學界的古典白話小說研究始於 20 世紀三四十年代，透過漢學家翻譯及介紹宋元話本小說，美國漢學界才開始逐漸重視中國古典白話小說。

　　美國漢學在台灣屬於一門新興的學問，台灣研究漢學還是以傳統中文系為主，因此對國外漢學的研究涉獵甚少。筆者有幸能接觸到美國漢學研究領域，也學習到中國古典小說、白話小說等文學在美國漢學界的研究概況。筆者對於美國漢學界的獨特研究方法及詮釋的觀點，印象非常深刻。台灣雖然對於古典白話小說的研究成果頗為豐碩，然而，受限於傳統道德文化的影響，長期以來，研究成果大多脫離不了制式的思維。學者在研究時不易脫離傳統的框架，只能在自身的傳統文化中徘徊摸索。相較之下，西方漢學界的理論可以不受中國傳統文化的束縛，能從科學的角度系統性的來研究，更加深刻的體認到中國文學之美。這也是促使筆者想更進一步了解美國漢學界對中國古典文學的不同看法及研究的理由。

再者，王靖宇在〈中國傳統小說研究在美國〉〔註1〕中也提到西方學者如夏志清〔註2〕（C.T. Hsia，1921～2013）、畢曉普〔註3〕（John Lyman Bishop，1913～1974）等學者在研究中國文學作品時，皆使用西方標準來衡量，並沒有設身處地的通過傳統中國背景及中國特有文化來加以理解，因此在論斷的時候稍嫌武斷。但王靖宇也提到，或許因為如此，後來的西方學者研究時，會特別去注意中國的社會和文化背景。此外，筆者在閱讀韓南〈「古今小說」中某些故事的作者問題〉〔註4〕時，也發現他與兩岸中文學界對於中國白話短篇小說的論點有些不同之處。如他對《喻世明言》（又稱古今小說）裡的作者、編者提出了不同看法，韓南認為某些篇目的作者可能並非馮夢龍本人及「三言」的來源考據等。以上觀點都是兩岸中文學界較少去研究及考察的論點，因此，筆者期望藉由探討美國學者之研究成果，能對中文學界之白話短篇小說研究有所啟發。

韓南（Patrick Hanan，1927～2014）為哈佛大學東亞系中國古典文學教授，並為哈佛燕京學社〔註5〕第一位研究中國文學的社長，也是中國古典小說方面聲譽卓著的專家。韓南除了中國古典小說外，也研究近、現代小說。其主要著作有：*The Chinese Short Story: Studies in Dating, Authorship, and Composition*（《中國短篇小說之著作年代、作者與結構研究》）、*The Chinese Vernacular Story*（《中國白話小說史》）和 *The Invention of Li Yu*（《李漁的發現》）等專著，此外，亦有 "The Authorship of Some Ku-Chin-Hsiao-Shuo Stories"（〈古今小說中某些故事的作者問題〉）和 "Sung and Yuan Vernacular Fiction: A Critique of Modern Methods of Dating"（〈宋元白話小說：評近代繫年法〉）等論文多篇。

而韓南在白話小說的研究、李漁研究以及言情小說研究等方面，有其獨到見解。當時韓南打算要編寫一本中國白話小說史，他從大量的第一手資料爬梳

〔註1〕見王靖宇：〈中國傳統小說研究在美國〉，收入林徐典編：《漢學研究之回顧與前瞻》（北京：中華書局，1995年），頁220。

〔註2〕夏志清，美國華裔漢學家。著有《中國現代小說史》、《中國古典小說史論》等書。

〔註3〕畢曉普，美國漢學家。著有 *The Colloquial Short Story in China : A Study of the San-Yen Collections* 一書。

〔註4〕見 Hanan Patrick, "The Authorship of Some Ku-Chin-Hsiao-Shuo Stories", *Harvard Journal of Asiatic Studies*,Vol.29,1969.

〔註5〕Harvard-Yenching Institute，1929年成立，是一個非盈利性的機構，致力於在東亞和東南亞推進人文學科和社會科學的高等教育。

整理，為了是要釐清整個白話小說史的發展脈絡。韓南首先要解決的是中國白話小說中，各作品的成書時間，韓南提到「如果不能確定小說的寫作年代，研究者就不能看清且推斷整個文類發展的歷史脈絡，更難瞭解到作品內容中有關社會階層的觀點和信念。」〔註6〕如何在有限的文獻下去判別作品的寫作年代，這是一定要解決的問題。於是韓南提出了「風格判準」法（Style Criteria）來協助他整理、分辨作品的時間分期。他認為在小說中，文體是經過作者思考而成的語言，利用寫作上的風格、作者用詞及處理文字的方式，來區分作品的時間順序，是在資源不足的情況下最好的方法。

　　筆者在拜讀韓南的大作後，深感韓南治學嚴謹，研究觀點極為獨特，有別於兩岸研究白話小說的學者，不論是採用「風格判準」法，推論尚無法確定寫作時期作品的時間順序，或是可能的作者為何人。還是對於《醒世恆言》的主要編撰者為席浪仙，而非馮夢龍的推斷。或在研究中國白話小說中，從敘事學角度出發，立足於敘述者的視角，應用西方敘事理論詮釋中國小說等皆有其特殊之處。此外，韓南應用文體分析法將文本分析分為七個層次，為分析一部敘事作品提供一個基本方法等等，再再顯示韓南研究成果的獨特性。綜言之，韓南的中國白話小說研究，不僅有其獨到之處，更為美國漢學界研究中國白話小說方面開創了另一不同的視界。

　　因此，筆者希望藉本論文，探討韓南在中國白話小說研究方面之獨特觀點，作為國內學者研究的借鏡，此為本文研究動機之一。再者，藉由探討韓南對於中國白話小說之分期方法，以明其分期法在中國白話小說之研究上有何優劣得失，此為本文研究動機之二。此外，探討韓南在研究中國白話小說時所應用之西方文學批評理論：語言類比現象、文體分析層次、風格判準法、敘事者角色的心理分析、形式主義與結構主義等研究方法，及其所使用研究法之利弊，以作為兩岸學界將來研究韓南學術之參考，此為本文研究動機之三。

　　韓南以域外學者的身份來研究中國古典白話小說，由於對中國傳統文化的陌生，相對不受中國傳統文化觀念的束縛，而能從不同的視角或切入點來研究古典白話小說，因此能夠透過系統性及科學性的研究得到不同於中文學者的見解。然而，韓南是否會因其本身的文化影響，造成在闡述與解讀時有疏漏或不合理之處，這也是筆者期望能作為中文學界在研究國際漢學時的參考。

〔註6〕見 Hanan Patrick, *The Chinese Short Story: Studies in Dating, Authorship, and Composition*（Mass.: Harvard University Press, 1973）, p.1.

雖然韓南在中國白話小說方面研究的成就，在美國漢學界已是有目共睹，唯中文學界有關韓南之中國白話小說研究成果，迄今幾乎付之闕如，因此，本論文希望藉由對韓南的中國白話小說研究進行全面而深入的探討，以期國內學界對韓南之研究成果及研究方法有更深入的了解，俾能為國內學界在白話小說研究方面提供一新的視野，進而搭起兩岸與西方漢學界之間研究中國白話小說的橋樑，此為本論文之主要研究目的。

第二節　研究方法與內容

一、研究方法

本論文係以韓南之白話小說研究為主要研究對象，由於韓南之研究領域涵蓋中國早期白話小說、話本小說、《金瓶梅》、《紅樓夢》、清代言情小說、李漁文學及魯迅的現代文學作品等，本文研究範圍將著重在韓南關於白話短篇小說研究的部分，本論文所採用之研究方法如下：

（一）文獻分析法

本論文依據韓南所著作之有關中國白話小說研究的專著，如《中國短篇小說之著作年代、作者與結構研究》、《中國白話小說史》、《李漁的發現》等專書為主，予以深入探討。此外，韓南對中國白話小說研究之單篇論文，亦予以系統之分析與詮釋。

（二）比較研究法

韓南在中國白話小說研究方面，不僅見解獨到，且研究方法亦嚴謹精湛。在學術研究日益國際化的今日，其研究成果足以拓展吾人之研究視野，並收他山之石可以攻玉之效果。為彰顯韓南研究中國白話小說獨到之處，本文採用比較研究法，藉由兩岸學界之白話小說研究成果，與之比較，並予以客觀之評價。

二、研究內容

本論文共分七章，其內容如下：

第一章　緒論：

旨在說明本文之研究動機與目的、研究方法與內容。

　　第二章　韓南之學術背景及美國之中國白話小說研究概況：

　　本章旨在說明韓南的學術背景，並概述美國漢學界之中國白話小說研究現況。

　　第三章　韓南之早、中期中國白話小說研究：

　　韓南在《中國白話小說史》中將中國白話小說分為早、中、晚期。本章旨在探討韓南《中國白話小說史》中早期與中期部份，以期對早期及中期白話小說有更深入的了解，並予以客觀的述評。

　　第四章　韓南之晚期中國白話小說研究：

　　旨在就韓南《中國白話小說史》分期中之晚期部份加以探討，針對韓南所著重之晚期小說家予以分析，俾使對晚期白話小說有深入了解，並予以客觀的述評。

　　第五章　韓南之中國白話小說研究方法：

　　旨在分析韓南研究中國白話小說的方法：語言和敘述形式、文體分析層次、風格判準法、形式主義與結構主義等。

　　第六章　韓南中國白話小說研究之意義與定位：

　　旨在將韓南的中國白話小說研究放到整個美國漢學界之中國白話小說研究背景下加以檢視，透過美國漢學界的中國白話小說研究，呈現韓南在中國白話小說方面研究的意義；並藉由考察兩岸學界白話小說的研究成果，來說明韓南中國白話小說研究的獨到之處，及其在該領域研究的定位。

　　第七章　結論：

　　為本文所作研究之綜合性敘述，並依此提出韓南對中國白話小說研究的貢獻以及未來研究之展望。

第二章 韓南之學術背景及美國之
中國白話小說研究概況

第一節　韓南之學術背景

　　韓南，1927 年 1 月 4 日出生於紐西蘭。1948 年及 1949 年分別取得紐西蘭大學英國文學學士及碩士學位，為了進一步的學術發展，韓南準備在英國倫敦大學研究英國中古歷史傳奇小說，並以此作為博士論文研究主題。然而就在修完博士課程，準備開始撰寫論文時，他讀到一些中國文學的翻譯作品，這些充滿異國情調的文學引起他極大的興趣，促使他回到倫敦大學，重新學習中國古代文學。並於 1953 年及 1960 年分別取得倫敦大學亞非學院的碩士與中國文學博士學位。

　　1957 年，韓南攻讀博士學位的第三年，當時他有機會到北京進修一年。在那個時代，受政治的影響，歐美學生想到中國進修並不容易。他在北京見到了心儀已久的鄭振鐸（1898～1958）〔註1〕、傅惜華（1907～1970）〔註2〕、吳曉鈴（1914～1995）〔註3〕等專家學者。鄭振鐸當時已是文化部長，工作很忙，但對他非常關心和照顧，不僅回答他許多問題，而且介紹他到東城區一個

〔註1〕鄭振鐸，中國著名作家、文學史家、學者。著作類型廣泛，小說、散文、翻譯等皆有涉獵。
〔註2〕傅惜華，戲曲研究家、俗文學研究專家和藏書家。著有《北京傳統曲藝總錄》、《中國古典文學版畫選集》等書。
〔註3〕吳曉鈴，中國著名學者。譯著有古印度戲劇《小泥車》、《龍喜記》等書。

專門對專家學者開設的專家服務部，使得當時還是學生的他，能夠在當地接觸到不少學者，同時也閱讀了不少善本書。

同年，人民文學出版社根據 1933 年的影印本，出版了明本《金瓶梅詞話》，只印一千套，是提供高級幹部和專家學者參考用的。由於韓南的博士論文就是研究《金瓶梅》，很想擁有這本書以便隨時翻閱。鄭振鐸瞭解到他的需求，就破例特別批准賣給倫敦大學圖書館一部，從而解決了他的急需。回想這一時期，韓南覺得自己很幸運，因為他是自中華人民共和國成立，直到文革結束這一段時期中，少數幾位能作為博士候選人到這個國家來進修的歐美學生之一，而在中國所經歷的一切，也加深了他對中國文化與社會的理解。

在取得博士學位後，韓南先後任教於倫敦大學亞非學院和史丹佛大學。1968 年起擔任哈佛大學東亞系中國古典文學教授兼系主任，1998 年起獲聘為哈佛大學 Victor S. Thomas 講座教授，1995 年起並擔任南京大學合作教授。在1987 年至 1996 年間，韓南曾經兼任著名的中美學術交流機構「哈佛燕京學社」（Harvard-Yenching Institute）第五任社長。中國近代文學學者袁進曾說：「韓南與夏志清同輩，退休時，他把自己哈佛燕京學社社長的位置推薦給了杜維明；而把他東亞首席教授的位置推薦給了李歐梵，韓南的重要性由此可見一斑。」從這句話中，我們也能理解韓南在美國漢學界備受尊崇的地位。

曾與韓南在哈佛大學共事的李歐梵（1942～）〔註4〕曾說：「韓南教授是美國漢學界我最景仰的學者。」〔註5〕，李歐梵對韓南的佩服是由衷的，在當年美國漢學家多以研究中國古典文學為主，鮮少接觸中國現代文學；然而韓南非但不忽視中國現代文學，甚至對五四運動的大家如：魯迅（1881～1936）、老舍（1899～1966）等也有研究，這是非常難能可貴的。而享譽海內外的夏志清對韓南的學術成就也另眼相看，更曾公開宣佈除他之外，韓南乃天下第一。

韓南的研究過程是紮實且嚴謹公允的，只要與他研究的題目有關，韓南都會到處求索考證。他不會好高騖遠動不動就以理論唬人，而是能夠嫻熟的將西方文學理論運用到小說翻譯的工作上。他認為對於晚清小說的翻譯，是一種「跨文化」的過程，若純粹套用「信、達、雅」的公式來檢視，是行不通的。

〔註4〕李歐梵，中國文學教授、作家、文化評論員，主要研究領域包括現代文學及文化研究、現代小說和中國電影。
〔註5〕見李歐梵：《我的哈佛歲月》（台北：二魚文化，2005），頁220。

韓南的學識深廣而淵博，造詣深厚，且研究是絕對嚴謹，對中國小說的貢獻更是有目共睹，因此稱其為美國漢學界研究白話小說的泰斗，實不為過。

韓南在倫敦大學的博士論文，是對於中國古典小說《金瓶梅》的研究，而這正是他當初引起學術界關注的重要成就。韓南的《〈金瓶梅〉的版本》〔註6〕中探討了《金瓶梅》的主要版本、各本的相互關係及異同，並通過考察文字意含，對《金瓶梅》的原作及後作的關係做了修補。這篇文章考察甚廣，涉及文獻之多，在當時深受古典文學學術界的矚目，直至今日也仍有不可忽視的價值。

1973 年韓南出版第一本專著 *The Chinese Short Story: Studies in Dating, Authorship, and Composition*（《中國短篇小說：關於年代、作者和撰述問題的研究》），在書中他提出了「風格判準」法來協助他整理、分辨作品的時間分期，對韓南而言，此書可視為他日後寫作白話短篇小說研究的預備。1974 年韓南出版 *The Technique of Lu Hsun's Fiction*（《李漁的創作》）一書，他深入挖掘這位在他研究中國白話小說時，認為資料最豐富、且最具重要性亦是韓南最感興趣的人物。韓南發現，李漁強調文學作品的「獨創性」，這個創新對作品的內容比對他的技巧更重要。除此之外李漁也重視作品的結構，這個觀念讓他徹底的實踐在他的小說與戲曲創作上。正因為李漁作品風格獨樹一格，讓韓南不僅以他為研究對象撰寫專著，更將李漁幾部代表作品譯成英文，介紹給英語世界的讀者。

1981 年韓南最重要的專著 *The Chinese Vernacular Story*（《中國白話小說史》）出版了，這是國外漢學研究白話小說的第一本系統性著作。韓南在書中把中國白話小說的歷史分為三個階段，他除了介紹每一階段的主要特徵與代表作品外，更以專章介紹各階段的代表作家。其中對於李漁與艾衲兩位在中國小說史上較罕為人所討論的作家，更是多所著墨，使學界不至遺忘他們作品的特色及貢獻。

韓南研究中國小說多從敘事學角度來探究，且因為他具有古典文學和現代文學研究的深厚基礎，研究近代文學更能顯示出獨到的功力。十九世紀至二十世紀初，過去專注這一時期小說的研究學者，主要研究重點是在譴責小說，而言情小說幾乎完全被忽略。韓南通過對於白話小說史的整理研究，來切入白話小說研究的主題，認為中國近代小說的作者們，既富有創造力又充滿實踐精神，且這些作品具有時代性的價值及意義。

〔註 6〕Patrick Hanan, *"The Text of the Chin P'ing Mei,"*（Ph.D. Asia Major N.S., 1962）.

後來韓南開始從事現代文學的研究，部分原因是工作所需。因為美國的大學原先並無教授中國現代文學的教師，因此古代通俗文學的教授往往必須配合開設這方面的課程；另一方面，也是更重要的原因，是因為韓南認為現代文學中，如魯迅的小說，是一種文體、內容皆與以往不同的新形式作品，作為一個研究小說歷史的學者，他想了解在現代文學中，小說的敘述模式是否產生新的變化？與傳統小說又有何種關聯？這也是他在步入晚年，依然努力不懈做研究的主因。

總的來說，韓南在考證下的功夫，是後人所欽佩的，許多鮮為人知的文獻材料，往往都是經過他仔細爬梳，從大量的第一手資料中整理來的。而他運用西方文學理論，對中國古典小說進行分析研究，使中國文學的研究能有別與以往的研究方向，更是能為兩岸學界注入活水。韓南最初研究中國古典小說，後來研究中國白話小說，晚年始轉入魯迅等現代文學的研究。這樣的研究歷程，恰好勾勒出中國小說的發展脈絡。韓南於 1997 年從哈佛大學光榮退休，退休後依然孜孜不倦地進行研究與中國文學作品的英譯。2014 年四月韓南的逝世，也標誌著美國漢學界研究執牛耳者一個時代的終結，但他留給後世學者的財產是無法被抹滅的。

第二節　美國之中國白話小說研究概況

美國的漢學研究最早出現於 1970 年的哈佛大學的漢語課程〔註7〕，在二次世界大戰之前，美國只有少數學校才設有中國研究課程。而在二次世界大戰後，因為中國國際地位的提高，美國政府及一些基金會，開始資助大學訓練有關中國研究的人才。且有關課程的專業也加以細分，如中國文學，就有細分為傳統小說、傳統詩歌、戲曲、現代文學等等科目。而美國研究中國文學的漢學家，如衛三畏〔註8〕（Samuel Wells Williams，1812～1884）、宇文所安〔註9〕

〔註7〕見 John Lindbeck, *Understanding China : An Assessment of American Scholarly Resources*（New York : Praeger Publishers, 1971），p.47.
〔註8〕衛三畏，19 世紀漢學家、傳教士及語言學家，著有《中國總論》（The Middle Kingdom）、《英華分韻撮要》（A Tonic Dictionary of the Chinese Language in the Canton Dialect）等書。
〔註9〕宇文所安，美國漢學家，主要從事中國古典詩歌和文論以及比較文學和世界文學研究。著有《初唐詩》（The Poetry of the Early T'ang）、《盛唐詩》（The Great Age of Chinese Poetry: The High T'ang）、《晚唐詩》（The Late Tang: Chinese

（Stephen Owen，1946～）、費正清〔註10〕（John King Fairbank，1907～1991）
等皆是受中西所推崇的漢學家。然一部分學者在研究中國文學的領域中，雖然
已經在西方漢學界獲得實質名歸的掌聲，卻在台灣乏人問津，這也是台灣研究
學界的一個缺憾。

　　二次世界大戰後，美國政府及一些基金會開始資助大學，訓練有關中國研
究的人才。隨著研究日漸深入，越來越多西方學者意識到古典小說的學術價
值。中國小說繁多的類型，蘊含其內的社會意義及人生哲理，都吸引著西方學
者深入的探索，運用西方的觀點，試著勾勒出中國文學的脈絡。在西方漢學界，
中國白話短篇小說最初是以單篇的方式翻譯成故事，作為外國人學習中文及
供娛樂之用。直到 20 世紀三四十年代，美國漢學界才開始從事宋元話本小說
的研究。

　　在西方，翻譯中國白話短篇小說的學者大多是漢學家，而且早期的翻譯並
沒有一個固定的系統。例如光是篇名，不同的漢學家對此便有不同的看法。以
「三言」〈蔣興哥重會珍珠衫〉〔註11〕為例，目前被認可的翻譯版本為 "Jiang
Xingge Reencounters His Pearl Shirt"，而早期有兩種譯法，一是 "The Pearl-sewn
Shirt〔註12〕"，另一為 "The Pearl Shirt Reencountered〔註13〕"。從標題上不難看
出，目前的譯法對西方漢學家能夠從標題上更加明確地瞭解故事的含義。

　　其中，也發現了一個有趣的現象，「三言」裡的第一部《喻世明言》在初
刻版時名為《古今小說》。在「天許齋刻本」扉頁上有題識，其中說到「本齋
購得古今名人演義一百二十種，現已三分之一為初刻云」〔註14〕，而且在目錄
之前也有「古今小說一刻」的字樣，說明《古今小說》最初計劃為幾本小說集
的總書名。但該書二刻、三刻出版時都有了各自名稱《警世通言》和《醒世恆

　　　　Poetry of the Mid-ninth Century）及《中國文論》（Readings in Chinese Literary
　　　　Thought）等。

〔註10〕費正清，哈佛大學東亞研究中心創始人、美國漢學家。著有《美國與中國》
　　　　（The United States and China）、《劍橋中國史》（The Cambridge History of China）
　　　　及《觀察中國》（China Watch）等書。

〔註11〕見《喻世明言》卷一。

〔註12〕見 Cyril Birch, *Stories from a Ming Collection: Translations of Chinese short Stories
　　　　Published in the Seventeenth Century*（1958）.

〔註13〕見 Jeanne Kelly, *"The Pearl Shirt Reencountered". Traditional Chinese Stories:
　　　　Themes and Variations*（Columbia University Press,1978）pp. 264～292.

〔註14〕馮夢龍：《古今小說》（台北：世界書局，珍本宋明話本叢刊本，1958）。

言》，而一刻《古今小說》再版時標題卻改為《喻世明言》，因此《古今小說》如今只是《喻世明言》的別稱。相較於中文學界總將《喻世明言》、《警世通言》和《醒世恆言》放在一起做「三言」的研究，西方學者大多數是以初版名稱《古今小說》來做研究的。是否在西方學界中《古今小說》的地位有高於其他二言，這是未來可進一步加以探討的。

在美國漢學中研究中國白話短篇小說的學者不少，本文在此列舉幾位重要美國漢學家，如夏志清、畢曉普、白芝（Cyril Birch，1925～）〔註15〕、韓南等人的研究成果，並簡單說明如下。

夏志清在《中國古典小說》〔註16〕中的第八章，分別列舉「三言」裡的幾篇故事來說明中西方的觀點不同，且提出「三言」文章中的一些傳統道德觀念的矛盾。此外，夏志清也極為肯定「三言」中的某些故事寫作，故事劇情的安排、人物心理側寫，實為獨步。並大力讚揚「三言」中〈蔣興哥重會珍珠衫〉的內容，甚至稱之為「明代最偉大的作品」。夏志清以單篇故事討論「三言」裡一些特徵及問題，藉由這些「三言」裡的故事來討論社會與個人問題，並以西方論點加以評析。如〈勘皮靴單證二郎神〉〔註17〕中對道德與愛情的態度兩相分離，夏志清便將之與《十日談》〔註18〕中的故事予以比較。

此外，夏志清也提出了說書人在話本角色裡的重要性，他認為「三言」的故事完全保留了口頭說書的傳統形式。說書人說書藝術的改變，足以影響後續「三言」故事中的敘事類型及內涵。夏志清也認為，假如當時中國古典小說能夠以「三言」的主題、人物、結構為楷模，繼續發展下去，集中著墨在主要人物和場景，及表現人物的內心活動和道德理解，進一步的詳加描寫，或許可以與西方《安娜·卡列尼娜》〔註19〕等經典愛情小說相媲美。

〔註15〕白芝，美國漢學家。著有《中國神話與幻想》（Chinese Myths and Fantasies）、《明代短篇小說選》（Stories from a Ming Collection: Translations of Chinese Short Stories Published in the Seventeenth Century）等書。

〔註16〕C.T Hsia, *The Classic Chinese Novel: A Critical Introduction*（New York: Columbia University Press, 1968）.

〔註17〕見《醒世恆言》卷十三。

〔註18〕《十日談》（Decameron），為義大利文藝復興時期作家 Giovanni Boccaccio，所著的一本寫實主義短篇小說集。

〔註19〕《安娜·卡列尼娜》（俄語：Анна Каренина）是俄國作家 Lev Nikolayevich Tolstoy，於 1874～1877 間創作的小說，被廣泛認為是寫實主義小說的經典代表。

　　而畢曉普在美國漢學界的「三言二拍」研究者中，實為重要人物之一。雖然，畢曉普在《中國短篇白話小說：以三言為研究對象》〔註20〕一書中的主要討論對象為「三言」，但其中對於變文以及宋代說唱文學發達的情況也有詳盡的介紹。此外，畢曉普此書中也包含「三言」中的四篇小說的英譯〔註21〕，此為美國漢學界「三言」研究的重要里程碑。畢曉普分別對「三言」各篇及其相關文本進行考證，並分析「三言」中的敘事技巧。其中，畢曉普提到在故事之前一般會有一個或多個韻散相間的入話，如：

　　　掃蕩殘胡立帝畿，龍翔鳳舞勢崔嵬。

　　　左環滄海天一帶，右擁太行山萬圍。

　　　戈戟九邊雄絕塞，衣冠萬國仰垂衣。

　　　太平人樂華胥世，永永金甌共日輝。〔註22〕

　　入話有許多功能，一是在觀眾尚未完全聚集之前，說書人可以藉由一些小故事或開場白來凝聚觀眾的注意力。二是藉由入話來引導觀眾進入故事劇情，甚至透露故事走向。「三言」雖然已是書面的形式，但仍然保留話本的此項特色。畢曉普也認為，敘事者可以藉由入話來闡述他的道德觀跟宣揚儒家思想、宗教觀等等，他也巧妙的將許多色情題材在故事中呈現。

　　至於白芝則在 1954 年發表其博士學位論文〈「古今小說」考評〉〔註23〕，其後，也陸續發表了一系列具代表性的論文，如〈話本小說形式上的幾個特點〉〔註24〕、〈馮夢龍與「古今小說」〉〔註25〕等。白芝也在〈馮夢龍與「古今小說」〉中探討底下的議題：四十個故事的分類研究、四十個故事的聯繫、馮夢

〔註20〕John L. Bishop, *The Colloquial Short Story in China: A Study of the San-yen Collections*（Cambridge,Mass.:Harvard University Press,1956）.

〔註21〕它們分別是 "Master Shen's Bird Destroys Seven Lives"《喻世明言》卷二十六《沈小官一鳥害七命》、"Chin-nu Sells Love at Newbridge"《喻世明言》卷三《新橋市韓五賣春情》、"Fan Chü-ch'ing's Eternal Friendship"《喻世明言》卷十六《范巨卿雞黍死生交》、"Wang An-shih Thrice Corners Su Tung-p'o"《警世通言》卷三《王安石三難蘇學士》。

〔註22〕見《警世通言》卷三十二〈杜十娘怒沈百寶箱〉入話。

〔註23〕Cyril Birch, *"Ku-Chin Hsiao Shuo : a critical examination"*,（Ph.D. thesis, University of London, 1954）.

〔註24〕Cyril Birch, "Some Formal Characteristics of the hua-pen Story", *Bulletin of the School of Oriental and African Studies (*University of London, Vol.17, No.2, 1955）.

〔註25〕Cyril Birch, "FengMeng-lung and the "Ku chin hsiaoshuo"", *Bulletin of the School of Oriental and African Studies*（University of London, Vol.18, No.1, 1956）.

龍的作品及馮夢龍的角色。他依據文本的外部及內部證據對古今小說進行細微的考察和分類，最後得出：馮夢龍在《古今小說》中所充當的角色主要是選取和編排故事，以及點評和作序。

而韓南則對「三言」、「二拍」及其他白話小說研究多年，曾發表過許多考證的文章，後來集結成冊，出版《中國短篇小說研究》〔註26〕。此書的最大特點是，韓南根據大量的第一手資料，對「三言」及其他白話小說進行「風格判準」的文體分析，一掃之前學者只藉由少數片段進行臆測而下的結論。他在文中將「三言」及早期能看到的白話短篇小說分為三個時期：早期（1250 年至1450 年）、中期（1400 年至 1575 年）與晚期（1550 年至 1627 年），在每一個時期中都用風格標準來探討每一時期的作者與作品寫作時期及其來源。

此外，韓南在《中國短篇小說》的研究基礎上，從文學批評及文學史的角度對白話短篇小說加以研究，而出版《中國白話小說史》〔註27〕。其中，他除了對每一階段的主要代表作品做詳細的解說外，也考證了作者及每一時期代表性作家的真實性及作品文學觀點，諸如馮夢龍、席浪仙、李漁、凌濛初、艾衲居士等。在此書中他透過西方文學理論的觀點，探討中國白話小說的理論體系。此外，他也根據「風格判準」的研究方式提出《醒世恆言》的主要作者、編者為席浪仙（至少創作了《醒世恆言》中絕大部分的作品），而後，席浪仙與馮夢龍合作整理了「三言」中前兩部書的版本。

依此，美國漢學界在研究中國白話短篇小說方面，除了對中國白話短篇小說的內容及人物進行分析外，也討論其時代背景社會與個人問題及敘事分析等。而不可避免的是，在研究中國白話短篇小說過程中，美國漢學家將中國文學與西方理論做比較，帶出科學性嚴謹的論點，但是在以西方標準衡量比較中國傳統作品時，一旦發現中西不同時，卻無法以中國特有的文化背景去理解並加以研究，因此，在某些論點上就顯得較為武斷。然而，美國漢學界在研究中國白話小說的過程，能不受中國傳統觀念所局限，而能客觀地從不同視角去研究，從而必會獲得一些新的、具有啟發性的見解，值得國內學界研究之借鏡。

〔註26〕 Patrick Hanan, *The Chinese Short Story: Studies in Dating, Authorship, and Composition*（Cambridge, Mass.:Harvard University Press, 1973）.

〔註27〕 Patrick Hanan, *The Chinese Vernacular Story*（Cambridge, Mass.:Harvard University Press, 1981）.

第三章　韓南之早、中期中國白話小說研究析論

　　韓南在《中國白話小說史》中將中國白話小說分為早期、中期、晚期。本章旨在探討韓南《中國短篇小說》與《中國白話小說史》中早期與中期部份研究之內涵，以期對早期及中期白話小說有更深入的了解，並予以客觀的析論，以明韓南對中國白話小說研究，對中文學界的影響及貢獻。

第一節　韓南之早期中國白話小說研究

　　中國白話小說是發源於唐代的一種文學形式。一般來說，學者普遍認為中國白話小說的前身是民間故事和所謂的「街談巷語」。在古代中國文學發展的歷史長河中，小說經歷了不斷的豐富和拓展，到宋代的話本階段基本成熟定型、從文言到白話，直到明代才迎來了真正的繁榮，成為與抒情文學分庭抗禮的一大文學體系。然而對於中國白話小說的源頭，並無一個精確的答案。

　　韓南認為，最早期的白話小說幾乎沒有文獻根據，也不存在任何早期編撰成文書的小說集中。但我們仍然能從後來的小說集中，看到這些小說並對他們的文體及寫作時期加以分析，韓南參考了歷史、地理等因素及比較了各篇小說的風格和使用的習慣用法後，他將現存的白話短篇小說分為三個時期：早期（1250～1450）、中期（1400～1575）與晚期（1550～1627），在每一個時期中都用「風格判準」，來探討每一時期的作者與作品寫作時期及其來源。而在現

存的早期白話小說中主要來自洪楩〔註1〕編的《六十家小說》與馮夢龍的《喻世明言》（又稱古今小說）、《警世通言》、《醒世恆言》。

一、韓南之早期中國白話小說研究

　　根據韓南的分類，現存白話小說中有 34 篇可以定為 1450 年以前寫成，也就是屬於早期中國白話小說，而韓南又將這 34 篇小說分為三組；分別為：A 組 14 篇最早的小說，大多數可確定為是元代、B 組為與 A 組作品相似，但仍缺少明顯特徵的小說共 8 篇，及寫作時期明顯晚於 A 組的 C 組 12 篇，以下簡單分類〔註2〕。

　　A 組：洪本 2、洪本 8、洪本 15、古今 15、古今 24、古今 33、古今 36（正話）、通言 8、通言 14、通言 19、通言 20、通言 37、恆言 14、恆言 31

　　B 組：洪本 5、洪本 11、古今 36（入話）、通言 10、通言 13、通言 16、通言 29、通言 30

　　C 組：洪本 3、洪本 13、洪本 16、古今 11、通言 6（正話）、通言 28、通言 36、通言 39、恆言 12、恆言 13、恆言 21、恆言 33（正話）

　　韓南將早期白話小說分為四大點分別討論：首先是小說的材料來源，其次是寫作目的，再者為作者問題，最後為主題結構。下面就這四點分別討論其研究內容。

（一）小說材料來源問題

　　韓南指出，在早期白話小說中的材料來源多樣，然而，每篇小說處理來源材料方法不盡相同，一篇小說的材料來源可能有兩三種或數種，我們不得而知。韓南也提到即使我們以為文言記事與小說之間是直系的起源關係，小說的樣本仍有可能是某個中間作品，如口頭故事或戲劇。在 34 篇早期白話小說中取材自文言小說的就有四篇，而也有與文言小說題材相同但並非完全一樣，可能是從戲曲或口頭小說取材的五或六篇，不過受口頭文學影響的除了這幾篇外，另有幾篇採用了宋元口頭小說的材料，並可從文字中看出作者對口頭文學有相當廣泛的知識及研究。早期小說在主要題材及語言上和《水滸傳》、《平妖傳》的敘述習慣也有一定程度的相同。

〔註1〕洪楩，生卒年不詳，字子美，明代錢塘西溪人。編纂有《六十家小說》一書。
〔註2〕韓南將洪楩編的《六十家小說》稱洪本，其分類及簡稱請參照附錄一及附錄二。

（二）作者寫作的目的

韓南指出，一般都認為最早的話本是說書人依據說書使用本子的內容，將它印製出版後成為當時流行的讀物，而作家又將此當作範本模仿，進而寫成白話小說。而在《三朝北盟會編》〔註3〕中也記載當時皇帝喜歡閱讀話本，太監們徵求新奇話本以取悅皇帝的情況。因此韓南認為，大約在元代，已經有一群閱讀白話小說的讀者，而寫作白話小說的目的就是提供這群讀者閱讀。

（三）作者

關於作者為誰，一直是研究早期小說的重要議題。韓南認為，早期白話小說的作者到目前為止，只有一個能確切知道姓名的是元代的話本作家陸顯之〔註4〕，他寫了一篇話本故事〈好兒趙正〉與古今小說〈宋四公大鬧禁魂張〉相同題材，可能由此改寫。而從小說書寫的社會意義來看，早期白話小說主要描寫社會中下階層的人物，也有少數故事描寫書生與官吏，且大部份的小說寫作注重在道德勸說。整體來說，關於作者的真實身份無法清楚地瞭解。韓南也提到，有些著名的劇本作家肯定也是白話小說作者，或許有些作者也可能是文化修養較高的說書人，然而對於後來興起的大量白話小說的作者、編輯者、出版者或受雇的編書人，卻無法有明確的證據來證實。

（四）主題結構分類

韓南將早期白話小說依照主題和結構分為四種類型，分別為：公案小說、鬼怪小說、傳奇小說、連環小說及另外三篇雖有共同的結構及主題，但卻不能將它們歸為同一類的三個特殊例子，下面說明之。

1. 公案小說

在中國傳統的文學作品中，犯罪被視為對道德和社會秩序的破壞，必須有對犯罪者的處罰，而犯罪與懲罰也是對於傳統因果報應的闡明。公案文學的歷史可追溯到宋代，這種類型的小說有其固定結構，犯罪—分析案情—判罪。而在中國社會背景裡負責審判代表正義的一般是一位官員。這種公案小說的典型寫法是，先表明罪犯如何犯罪，再讓官員剖析案情和定案。然而也有少數小說採取先對讀者保密，已經知道有案件發生，但無法得知犯案動機、

〔註3〕《三朝北盟會編》共二百五十卷，南宋徐夢莘編，採編年體例，《四庫全書》入史部紀事本末類。

〔註4〕陸顯之，生卒年不詳。著有〈好兒趙正〉。

過程及誰做的。而這類小說還有另一個共通點，都是涉及兩性關係的犯罪。韓南提出幾篇公案小說，都表現了早期小說的神祕性及暗藏關於兩性關係的興趣。

韓南提到，在〈簡帖和尚〉中入話不是詩串，而是一個故事。在這裡入話與正話的關係僅止於題目相似，看似毫無關聯，但實為將正話與入話拉開一段距離建立敘述者的人格表現。〈簡帖和尚〉的故事內容大致上為，一個和尚圖謀一個美麗的已婚婦女，故意寫了匿名情書讓婦女丈夫發現，憤而休妻。而在婦女被逐出家門無依無靠後，聯合媒人裝成官人娶了婦女。幾年後去寺廟燒香時，婦女遇見前夫，和尚見她仍然對前夫保有愛戀，為了表明自己對她的情意，便把當初如何將婦女謀算娶到手的情況都告訴了婦女。婦人聽完更加氣憤，要去告發，和尚便去掐她脖子企圖殺人滅口。在掙扎中婦人前夫循跡而來，抓住和尚送交官府，和尚被處死，夫妻因此團圓。這篇小說的起頭並不是從前面提到的順序開始，而是從故事中間送信開始，這段送信及丈夫發現情書的場景為故事的中心點，純為客觀地敘述。另外，在入話故事之後及正話開始之前，還有一首詞值得注意。這首詞描寫婦人之美，也暗示了連梅花的純潔也比不上她的純潔的婦人是不可能有與人通姦的罪行的〔註5〕。

韓南也提到，另兩篇故事為〈三現身包龍圖斷魂〉及〈勘皮靴單證二郎神〉，第一篇故事入話是一個算命很靈的故事，為正話故事形成了一道障眼法，因為正話裡那人被算命斷言必死，然後才被人用計謀殺，最後才冤魂現身為包龍圖（999～1062）〔註6〕提供了線索。這種故事情節是在中國文學有名的包公案小說中的其中一種。而第二篇小說中對深宮怨婦的內心情感描寫在早期的小說中是無法代替的，這篇故事有非常詳盡的細節描寫，且焦點層次的極速轉換更是它的特點。故事的後半部對於偵探破案的情節描述使它成為明代最佳的探案小說。

2. 鬼怪小說

鬼怪小說是最容易辨別的一種類型，特點為三個主要角色及四個固定的

〔註5〕見〈簡帖和尚〉：「……塵隨馬足何年盡？事繫人心早晚休。淡畫眉兒斜插梳，不口忺拈弄繡工夫。雲窗霧閣深深處，靜拂雲箋學草書。多豔麗，更清姝，神仙標格世間無。當時只說梅花似，細看梅花卻不如。……」

〔註6〕包拯，字希仁，北宋人，包拯以清廉公正聞名於世，被後世稱譽為「包青天」、「包公」。包拯曾任龍圖閣直學士，故後人亦稱「包龍圖」。此外，其形象傳說為黑面，故此亦被稱為「包黑子」、「包黑炭」。

行為模式。主要角色分別為：未婚的青年、偽裝成年輕婦女的鬼怪及驅魔人。而四個行為模式分別是：相遇、墜入愛河、發生危險及驅魔。而這類型的小說都有意思引起讀者的懸念，和世界各國有關妖精類型的民間故事有相同之處。除了上述固定模式及角色外，還有一些常見的因素，如有時會出現其他鬼怪，有些會裝作女子的母親，或是故事中角色相遇的時間地點，往往是清明節的金明池〔註7〕等。

而這類型小說的判斷原則應是它引起懸念及營造氣氛的藝術性，韓南指出這類小說是屬於中國的哥德式藝術〔註8〕，充滿狂野的風情及鬼怪摻雜的視覺現象。不過這類小說也是驅魔故事，在這也可看出當時人們相信鬼怪是會吃人攝魂的〔註9〕。且與公案小說一樣，鬼怪小說也在故事中暗喻著，貪色多情必定招來禍端的教訓。韓南也指出，約在明代中期，鬼怪小說中的哥德式藝術就已經完全不見了，剩下的全是半神仙的故事了。而鬼怪小說主要來源顯然是民間故事，最早見於《夷堅志》〔註10〕及《鬼董》〔註11〕。而這兩本書的編撰年代僅早於現存最初的鬼怪小說百年左右。

韓南認為〈崔衙內白鷂招妖〉是鬼怪小說中最具異國風情的一篇。這篇小說的入話和正話存在著歷史背景及主題的相似，從小說中看來當時通病為女色和狩獵，而這通病不只在入話中表現出好色和狩獵毀了唐玄宗（685～762）的江山，更在正話中說明，主角崔衙內也是毀於這兩通病。這篇小說給人主要印象是它野蠻的哥德式藝術，此外在小說形式上也充滿著許多陳腔濫調。

另外，在另外兩篇鬼怪小說〈洛陽三怪記〉及〈西湖三塔記〉中，它們看起來是有關聯性的，前者擁有早於其它故事的語言，後者則可能寫於明初。雖然兩篇小說都與鬼怪小說的主旨相符，然而他們之間的相同處又比其他故事來得多。在情節上，可以幾乎視為其中一篇是為另一篇轉化而來，而在文字上

〔註7〕 中國北宋東京開封府汴梁城的皇家水上園林，位於北宋東京城西郊。

〔註8〕 為一種源自歐洲法國的藝術風格，該風格始於12世紀的法國，盛行於13世紀，至14世紀末期，其風格逐漸大眾化和自然化，形成國際哥德風格，直至15世紀，因為歐洲文藝復興時代來臨而迅速沒落。風格特徵充斥著神秘、陰森、恐怖的氣氛。

〔註9〕 見韓南《The Chinese Vernacular Story》，P.44：「……They are a Chinses gothic, complete with wild scenery and eerie visions, but they are also stories of exorcism behind which we can discern the dim shape of popular belief in the vampirism of animal spirits and in the search of malignant ghosts for human substitutes.」。

〔註10〕 宋朝著名筆記體志怪小說集，南宋洪邁撰。

〔註11〕 宋朝著名志怪小說集，宋沈氏撰。

的相似也很多，但完全相同的則只有六處寫人寫景的駢文。因此我們可以認為，後者中的駢文是由作者從前者節錄下來的。

〈金明池吳清逢愛愛〉是鬼怪小說轉化的好例子，這篇小說源自於《夷堅志》的文言故事，而作者在將它改為白話小說的同時，另外採用一篇唐代有名的故事〈人面桃花〉〔註12〕作為它的入話。特別的是，這篇入話並非鬼怪故事而是愛情故事，藉此說明真正的愛情有著起死回生的力量。一般鬼怪小說中對於情慾的危險警告在此卻看不見，反而轉化成對於愛情的同情。新的愛情觀被包容在鬼怪小說裡面，與原本的文言小說相對比，原來的故事內容大致上還是保留著，更改較大的是故事的後半段，將愛愛的鬼魂塑造成一個不同於一般害人的鬼，而是得到神的憐憫善良好心的鬼。而因為保存故事原來的內容，縱然鬼怪有好心，人們依然認為，與鬼相交會危害生命。

韓南提到〈白娘子永鎮雷峰塔〉中的鬼怪比起愛愛就更加善良了，她對許仙的愛始終如一。許仙對她的愛情值得研究，小說中提到「……俺今日且說一個俊俏後生，只因遊玩西湖，遇著兩個婦人，直惹得幾處州城，鬧動了花街柳巷。有分教才人把筆，編成一本風流話本。……」〔註13〕這段話原本是要說一個恐怖駭人聽聞的故事，但是「風流」（romantic）一詞卻暗示了相反的重點。在故事中，法海鎮壓白娘子後曾作詩：「……但看許仙因愛色，帶累官司惹是非。不是老僧來救護，白蛇吞了不留些。」〔註14〕這首詩又提點，將故事帶回鬼怪小說的老主題『鬼怪危險』，就像故事情節本身否定了它。而白娘子這樣一個妖怪，在鬼怪小說後面隱藏的喜劇性就浮現出來，並佔了主要的地位。故事中一系列喜劇片段，將環境細節描寫得生動細緻，在早期小說中除了〈勘皮靴單證二郎神〉以外是獨一無二的。與後來小說相似的是，作者可藉由描寫細節表現出人物的動機。

3. 傳奇小說／浪漫小說

在傳奇小說這一類，還有另一種對待兩性愛情的例子。傳奇起源於唐代的文言小說，盛於宋代及宋代以後。早期傳奇關於愛情的描寫僅限於文學素養高的年輕男女，其中也包括一些名妓，而求愛的方式大多為寫詩，〈錢舍人題詩燕子樓〉就是寫名妓關盼盼至死不渝的理想化愛情。韓南也提到，〈宿香亭張

〔註12〕見《全唐詩》卷三百六十八，崔護《題都城南莊》：「去年今日此門中，人面桃花相映紅。人面不知何處去？桃花依舊笑春風。」。
〔註13〕見《警世通言》，第二十八卷〈白娘子永鎮雷峰塔〉。
〔註14〕見《警世通言》，第二十八卷〈白娘子永鎮雷峰塔〉。

浩遇鶯鶯〉則是愛情喜劇的其中一個例子，這篇小說也和其他傳奇小說一樣，強調「情」的價值觀。

4. 連環小說

連環小說的連環是相對於情節單一的故事而言，在口頭文學中，它必然是具有很長、混亂的敘述且每篇故事包含一個或多個主角的冒險故事。韓南提到下面六篇小說，擁有部分相同的主題模式。首先〈宋四公大鬧禁魂張〉及〈萬秀娘仇報山亭兒〉，兩篇小說都以一個富人刻薄對待窮人場景開始，似乎小說中認為貪吝是主要的惡行。在前一篇小說中，除了開場描寫窮人被張員外趕出家門時是用嚴肅筆法外，其餘皆場景全用巧妙詼諧且粗暴的筆法來處理。接著〈史弘肇龍虎君臣會〉與〈鄭節使立功神臂弓〉是宋代口頭文學中「發跡變泰」的小說，兩篇小說中主角的發跡，都是由神仙給予的。在〈史弘肇龍虎君臣會〉中，寫的是著名歷史人物郭威（904～954）〔註15〕和史弘肇（？～950）〔註16〕的發跡故事，小說中關於他們早年的事蹟，有些是有喜劇性的、有些有豪俠情義的，與《水滸傳》頗為相似。再來〈楊溫攔路虎傳〉中有寫盜賊亦有寫發跡。最後〈張古老種瓜娶文女〉與上述小說都不同，寫的是一位神仙裝扮成種瓜老人到人間度人成仙的故事。這幾篇小說都含有大量的喜劇成分，即使作者抱持著同情的態度，對於主角也是以玩笑帶過。

5. 三個特殊例子

韓南指出，在早期白話小說中有三篇特殊的小說，分別為〈鬧樊樓多情周勝仙〉、〈崔待詔生死冤家〉及〈楊思溫燕山逢故人〉，這三篇小說共同的地方是，都有妻子或情人的鬼魂出現，然而嚴格來說並不能歸為同一類。

首先韓南提到〈鬧樊樓多情周勝仙〉這篇小說在結尾的詩中，明確寫出小說為「奇情奇事」，概括敘述及結語都很短。小說分為六個場景，首先，場景為周勝仙和范二郎相遇，這裡用了全文唯一一段四六句來描寫周勝仙的美貌〔註17〕。按照當時的禮俗，未婚男女是不能公開交談的。於是周勝仙便心生一計，利用與小販相罵，間接地與范二郎交談。這段描寫得相當精彩，在早期

〔註15〕五代周朝開國之君。
〔註16〕五代漢朝和郭威同任節度使。
〔註17〕見〈鬧樊樓多情周勝仙〉，「……色色易迷難拆。隱深閨，藏柳陌。足步金蓮，腰肢一捻，嫩臉映桃紅，香肌暈玉白。嬌姿恨惹狂童，情態愁牽艷客。芙蓉帳裡作鴛鴦，雲雨此時何處覓？……」

小說中是獨具一格的。接著第二及三場景是描寫王婆說服周母,允許這對年輕男女定親,及周父回家大發雷霆與周勝仙之死。第四場景造成故事中斷,另外從頭說起另一個姓朱的盜墓者,覬覦周勝仙墓中的財物,而後將復活的周勝仙拐帶回家。早期小說常有關於竊盜的詳細描述,在其他小說也可略見。第五場景是周勝仙趁機逃走,並與范二郎相遇,但范二郎卻失手害死周勝仙。最後的場景是范二郎在獄中,而周勝仙到他夢裡相會。

　　白話小說的特點是集中寫了不少有特色的場景,尤其是早期白話小說更為勝。這篇小說的入話很短,內容是在說明和平時期京城的節日的繁華景象。這在白話小說中也很常見,許多長短篇小說都要寫上一串皇帝名字,再談到故事是發生在哪個皇帝在位時。在故事中也不斷發出提醒讀者注意的評論,主要的作用是說明事實,預先警告此事件所導致的後果,強調事件的重要性,然而在敘述中卻沒有公開的道德勸說。小說的結尾是告訴讀者這是一個關於奇情故事的詩,表明人最好無情的觀點。除了一些反應上流社會思想的愛情故事,多數的小說都把情慾和危險畫上等號,這也是早期白話小說中常見的觀點。然而在這篇小說上,作者並不想在道德層面上責備誰,也不想故事擴大聯繫到因果報應,由此可知,這篇小說的寫作目的並不著眼於它的道德勸說,而是在於它的敘述價值及某種超然性。

　　再者,談到〈崔待詔生死冤家〉這個故事。這篇故事的入話值得注意,是由幾首相關的詩組合成的詩串,詩與詩之間關係表現出作者的想像力及才智,然而詩與正話間卻關係微薄,更多的是一種裝飾賣弄,不具點題效果。而這種詩串在A組小說裡共有五篇,另有其他兩篇在其他組小說中。〔註18〕早期小說喜歡用聯想技巧從入話引入正話,並以詩串及其他文字的輕鬆雅緻和正話的世俗生活形成對比。馮夢龍等晚明編撰者將這種行為看作早期小說的異常現象。上述兩篇小說的相同之處,皆是不著眼於道德問題,只是暗示情慾的危險性。而不同之處則是後者試圖對讀者故弄玄虛,這也就跟最後討論到的這篇相同了。

　　〈楊思溫燕山逢故人〉在劇情結構上不同於大多數白話小說。首先,故事發生是從中間開始的,為的是要凸顯第一主題對舊朝的懷念。而其餘兒女情仇、報復、因果報應等不過是小說的第二主題而已。入話中也可以看到,對舊

〔註18〕韓南在正文中提到5處A組及2處其他組共7處,但是在註釋中提到的共只有6處,4處A組。

時東京元宵節的描寫，正是全文第一主題的組成要件。〔註19〕這種懷舊描寫，透過楊思溫的眼睛來看現今燕京粗陋的元宵有強烈的對比。而從楊思溫的情感，及後來韓思厚、鄭義娘詩詞中也強調出故國陷落的災難、失落和頹喪之感。第二主題情人的背叛及報復，也是在小說中反覆點出的。

　　這篇小說的來源之一是洪邁（1123～1202）〔註20〕《夷堅誌》中的〈太原意娘〉〔註21〕以及另一來源宋代的〈鬼董〉。《夷堅誌》中常見夫妻間因背棄誓約而遭報應及京城陷落後的故國之思的情節，韓南也指出作者顯然是將這兩種來源結合運用。而這篇小說的特點之一，從中間開始說故事的手法也是源自於〈太原意娘〉。再者小說前面對於誓約的強調，就是為讀者做了事後背約會遭報應的準備，在故事最後用一首詞將兩個主題串連起來〔註22〕，背約及報應在小說中就像是無可避免一樣。和文言小說相比，白話小說對於建立時間、空間、人物的真實感具有相當的意義。這篇短篇白話小說最出色的地方不只如此，而是在它形成的懷舊和悲劇、夢幻和不安、罪惡和恐怖的不同凡響的氣氛。這篇小說中有許多詩詞，大多被塑造成角色所寫，這些懷舊和悲嘆的詩詞和故事的中心思想相符合，不同於前面討論與正話脫節的詩串。

第二節　韓南之中期中國白話小說研究

　　前一節提到，韓南將中國白話小說分為早期、中期、晚期分別探討。韓南利用小說中語句及用詞來區別早中期白話小說，依據韓南分類的中期白話小說可區分出 29 篇或更多〔註23〕，雖然可以得知這一組應是由一人所做的小說，但卻無法得知寫作者的姓名。這些小說與口頭敘事、戲劇的關係證明

〔註19〕見〈楊思溫燕山逢故人〉，「……一夜東風，不見柳梢殘雪。御樓煙暖，對鰲山綵結。簫鼓向晚，鳳輦初回宮闕。千門燈火，九衢風月。繡閣人人，乍嬉游、困又歇。豔妝初試，把珠簾半揭。嬌羞向人，手撚玉梅低說。相逢長是，上元時節。……」。

〔註20〕洪邁，字景盧，號容齋。南宋名臣，官至翰林學士、龍圖閣學士、端明殿學士。以筆記《容齋隨筆》、《夷堅志》聞名於世。

〔註21〕這篇白話小說中確實有一處明確指出所依據的底本，小說沿襲了文言故事中的情節並基本保留了原文，而多數保留文字的部分基本上就是文中的對話。

〔註22〕見〈楊思溫燕山逢故人〉，「……往事與誰論？無語暗彈淚血。何處最堪憐？腸斷黃昏時節。倚門凝望又徘徊，誰解此情切？何計可同歸雁？趁江南春色。……」

〔註23〕韓南的中期小說分類請參照附錄一及附錄二。

它與通行小說的寫作方式觀點不相同。韓南也提出，這些分類出來的中期小說，主要都是圍繞在「杭州」，許多中期小說與杭州本身有關，大量的故事都在探討杭州歷史中貧富差距極大的社會問題〔註24〕。以下就韓南所作論點敘述之。

一、韓南之中期中國白話小說研究

韓南指出，中期白話小說是指 1400～1575 之間的小說，特別是 1450～1550 這百年間的小說。把時間定在此區間，主要是由於現存最早的小說版本來自洪楩編的《六十家小說》，以《六十家小說》出版時間定為下限，再以各種文本互相提供的證據來確定時間上限，就有可能選出一組可定為明代初期及中期的小說。而通過風格上及主題上的比較，又可將另一組小說確定為中期。這期間的小說和早期小說在形式、結構、來源等方面有明顯的不同，主題思想和表達思想的明顯程度也不同。在此時期，故事情節發展的中心地點還是杭州，但主要的關鍵角色轉變為商人和店主，他們的價值觀也影響著小說的走向。

韓南提到除《六十家小說》及一家私人圖書館的目錄外，中期小說有關的文件也和早期小說一樣闕如，所以關於各篇中期小說的來源、寫作目的和作者等問題，只能依其文本本身的證據來判斷。中期小說的來源其中之一還是文言小說，但比起早期小說，中期小說更發展出的對史書的利用，例如其中幾篇就是依據史書中的傳記為文本的。而比起早期小說這時期的小說對於口頭文學的關係更為密切。

在中期小說中有三篇是由說唱中來的，分別為〈刎頸鴛鴦會〉、〈張子房慕道記〉及〈快嘴李翠蓮記〉這三篇中的說唱詞之所以保存下來是因為這些唱詞已經成為全文敘述的中心。而小說源於說唱詞這件事，也只能說明他與口頭文學有間接的關係，韓南也指出，說唱詞在某些情況下本來就是為了閱讀而寫成的。而中期小說另一個來源似乎是戲曲，但是無法證實，韓南提到如果將判別標準定為兩個：一是戲曲主要內容與小說一致；二是小說中應有戲曲中的慣用寫法，那麼中期小說就有五六篇是出自於戲曲的。

洪楩的《六十家小說》提供了白話小說的歷史時間定位，而早期小說主要來源之一的《夷堅志》便是洪楩的遠祖洪邁所著，而後在元代洪楩又重新編輯

〔註24〕尤其以富有的工商，絲織業者階級為主。

出版，並由田汝成（1503～1557）作序。《六十家小說》由六個部分組成，分別為〈雨窗集〉、〈長燈集〉、〈隨航集〉、〈欹枕集〉、〈解閑集〉、〈醒夢集〉。很可能每集分別出版，而匯總在一起出版時稱為《六十家小說》〔註25〕。韓南指出《六十家小說》顯然是為了廣泛的讀者所編的。而它的命名來源也很有意義，在《六十家小說》出版前不久，顧元慶（1487～1565）〔註26〕剛出版他所編的《四十家小說》，收錄顧元慶與其他蘇州作家的作品，內容是典型的文人作品。洪楩的書名及內容編排方式應是借鑑顧元慶的書，大概是想讓人們認為兩者是相近的。而在《六十家小說》中，除了接下來談到的《欹枕集》外，其他幾篇編排得較為混亂，無法看出任合遵照一定方式排列的現象，主要篇章是中期小說但又混雜其他幾篇早期小說，編集裡也不全部都是白話小說，有三篇可以歸為唱詞，又有少數文言小說。因此韓南認為，洪楩對文言小說及白話小說的編排不如馮夢龍嚴謹，他只做了某些表面功夫的連結。

　　《六十家小說》的《欹枕集》，韓南認為各篇章顯然是出自同一人之手，這些小說自成一集，各篇題目又上下成對，內容主題也相似，可以看出是專為《六十家小說》所作的。作者可能就是洪楩或是他的某個合作者，作者的個性在文本中表現得很清楚，早期小說的態度並不明顯，然而在《欹枕集》中卻是突出主題，小說中表現得完全是儒家信仰，對佛家只有責罵，而對道家則只取其與儒家退隱思想相近的部分。小說中強調人的社會責任，對此之外的個人需求全部置之不理，這與早中期小說中涉及大量的性愛主題非常不同。

　　《欹枕集》中的主角全是求官或是當官的人，而主要的情節是求取功名的過程。小說中經常引用古詩詞，主角也常用古詩古文來闡明自己的心境及態度。這裡所表現出來的道德觀也是典型當官或求官文人的道德觀，各篇小說中有的談朋友之道，有的表現「生死由天，窮通皆命」的英雄行為，因此在《欹枕集》中永存的榮譽象徵就是眾多的祠堂。韓南也提到，這些小說中，作者借古人之美德來對比現今的惡習，宣揚傳統道德觀念思想。當然也不全是道德說教，也有說明了許多其他問題，如考證某地、描寫景物、祠堂及歷史事實等，這些小說大多按照史書和文言小說的原樣寫出，改動的地方不大。如〈漢李廣世號飛將軍〉便是取材於《史記》中的〈李廣傳〉，雖然並沒有照史記原樣寫出，但卻將原有材料大量運用。

〔註25〕後有人根據書板刻有「清平山堂」字樣，亦稱其為《清平山堂話本》。
〔註26〕顧元慶，明代人，好飲茶，不喜科舉，好吟詠，藏書萬卷，學者稱之大石先生。

另外韓南也提到《欹枕集》中的小說和一般小說的前面鋪張不同，往往一段簡短的開場白或入話後，就直接宣布故事正話的主題，節省筆墨且文字語言接近文言。而且這些小說也和前面提到的傳奇小說一樣，注重與故事衝突無關的景色和感情描寫，有些地方顯得瑣碎無關，但情節的鋪陳上是有技巧的，就算是其中最雜亂的篇章，仔細觀察還是看得出作者緊扣主題的細心安排。

接著韓南將中期小說依照主題大致分類為四類，分別為愚行小說、傳奇小說、宗教小說及公案小說〔註27〕。下面將其論點分別整理敘述：

（一）愚行小說

韓南提到，在白話小說中有一類是寫故事角色做一些不應該做的愚蠢行為所導致的後果，稱為愚行小說。這類小說往往涉及犯罪，但又不僅僅是犯罪小說，故事情節大多是從一個人的愚蠢行為或錯誤行動開始，然後引起後果，又造成自己或其他人的另一件愚蠢行為，如同連環扣一樣一件接一件，形成一條緊密的因果循環的鎖鏈。和早期小說的神秘傾向不同，這類小說不營造神秘感，誰做的愚蠢行為，誰犯的罪，都向讀者透露。它其中一個特點就是，敘事者的事先提醒特別多，往往後果還未寫出，敘事者就先點出這件事如何不妥。這種敘事行為除了有設計結構的價值外，也形成不尋常的預感，加深讀者的恐懼，提供道德評論機會的功能。

在愚行小說中，角色的地位大多是商人或店主，他們最高的價值觀是為家庭守業，鞏固家庭的經濟基礎。在這類小說中，故事起因是威脅家庭經濟的事情，有些是由於縱欲、有些是因為游情、有些甚至是不合其時的幽默感，在此主要的危險是色慾。這些小說主要宣揚自然利益，叫人別做某事不是只用道德勸說，而是指出這種行為不利的後果。這幾篇小說的發生地都在杭州，對於杭州的城市描寫相當細緻，因此這類小說的中心思想稱為「杭州現實主義」（Hangchow realism）。

從敘述順序上來看，中期小說比早期小說還要更為自由。早期小說會避免焦點變換和時間中斷，中期小說受戲曲影響，這類型的中斷反而比較常見，往往很順的從故事場景轉到評論或從評論轉回場景。早期小說寫景、寫文的長篇四六文也從中篇小說中漸漸消失了。而入話也在中期小說中消失了，有時取而代之的是一首沒有附加評論的短詩。

〔註27〕大致上中期小說皆可分類，但有些早期小說也屬這些類別，因為韓南將早中期小說一起分類，具體分界並未說明，故統一談之。

　　愚行小說在早中期小說中共有八篇，其中兩篇是屬於早期小說，分別為〈計押番金鰻產禍〉及〈十五貫戲言成巧禍〉，另外六篇為中期小說。六篇中有三篇是中期小說中最好的篇章，可能出自同一作者。馮夢龍雖然幾乎全部重新印刷這些小說，但他自己並沒有寫過這類的小說，也許是因為他對於人性的看法與小說不同。而凌濛初的諷刺顯然有受到這類小說影響，但影響最明顯的應該是四大奇書之一《金瓶梅》，其第一回中有些部分便是取自《刎頸鴛鴦會》的。

　　首先韓南提到，在〈計押番金鰻產禍〉中帶有明顯民間傳說中因果的色彩，撇開鬼神借女兒之身的鬼神因素後，剩下的都是出於情慾的愚蠢行為導致的惡果了。在這篇小說中，敘述者做了一連串的提醒和警告，表現了愚行小說的特色。這篇小說吸取了以前小說的因素，且對於後來其他的愚行小說有所影響。而另一篇小說〈十五貫戲言成巧禍〉在前半部寫的是一句不合適的戲言造成一個人的殺身之禍並殃及兩個無辜者受刑的故事。然而在故事結尾處，敘述者卻發表了一段這類小說少有的評論：「……這段冤枉，仔細可以推詳出來。誰想問官糊塗，只圖了事，不想捶楚之下，何求不得。……」使得這篇小說脫離了愚行小說類型，轉為糾正官吏的錯判案了。

　　韓南認為，最能完美代表愚行小說案例的故事為〈錯認屍〉。在小說中有一系列的預警，有的用四六句有的用散文。這篇小說的敘述嚴謹密合，不留給讀者任何想像空間。另一篇小說〈沈小官一鳥害七命〉也和此篇一樣，具有愚行小說的代表特色，如一系列的事先警告，主要場景也不隨意打斷，也非常強調前因後果。與〈十五貫戲言成巧禍〉一樣，在故事後半又轉為錯判案的問題來。小說中的兩件事說明了這類愚行小說在描寫上的現實主義，一是沈秀因撞見竊盜被殺，二是黃家兄弟為賺賞金將老父殺害。這種犯罪行為是愚行小說所特有的低階人性觀的表現，作者非常明白經濟利益會驅使頭腦不好的人去做沒有道德的事，所以寫犯罪和懲罰皆沒有修飾文句，毫不猶豫據實書寫。

　　再來〈新橋市韓五賣春情〉與〈任孝子烈性為神〉兩篇應該與〈沈小官一鳥害七命〉為同一人所做。〈新橋市韓五賣春情〉沒有入話，只在前面寫了一串歷朝歷代帝王因好女色而失江山的故事，把失去江山的原因歸咎在婦女，是這類小說常見的開頭，雖然後面是說下層階級的人好女色的故事。韓南指出〈任孝子烈性為神〉是中期小說愚行類別三篇中最好的一篇，小說中的任珪在瞭解真情前有一系列愚蠢的行為，了解真情反而成為復仇的英雄。而另外還有

兩篇愚行小說〈曹伯明錯勘贓記〉及〈刎頸鴛鴦會〉，韓南認為這兩篇比較低劣，因此便不細項討論。

（二）傳奇小說

韓南提到，在中期小說中也有一類傳奇小說。與早期小說相同，主要描寫上流階級的理想化愛情。當然也有不以愛情為主的小說，但是這些小說中文筆最好的仍然是與情愛有關的題材，特別是混合型的愛情喜劇。〈戒指兒記〉就是屬於這類混合型，是傳奇與愚行的混合故事。故事前半部寫男主角因色欲而亡的愚行故事，然而當男主角死亡後，情節轉到女主角時，就完全變成傳奇式的小說了。這篇小說的前半部也是和一般愚行小說有些不同，有許多傳奇式的抒情色彩描寫，描寫的愛情也是屬於理想化的，對於男女主角也不像愚行小說那樣抱持鄙視的態度。這篇小說提出了戀人之間門第差距造成悲劇的情況，在〈斐秀娘夜遊西湖記〉〔註28〕中也有如此情況。這是標準的傳奇小說，充滿詩意，但又賦予其新的社會意義。

（三）宗教小說

如同愚行小說一樣，宗教小說也是橫跨早中期的類型，故事發生地點也是常在杭州。小說大多是寫能做詩的高僧、和尚的故事，只有一篇是寫信佛的女子。在小說中可以讀到這些和尚死前的「辭世頌」〔註29〕及火化喪葬的情形。他們死去的原因大多是和色慾有關，或是破了色戒被人察覺而感到羞愧，又或是被人誣陷。這類故事發展的情節大多是和尚發誓守戒不近女色，但又被性所誘惑，於是坐化死去，有的又會再次投生。韓南指出，雖然這類小說也寫性愛，但卻不像愚行小說那樣描寫性愛過程，也不強調色慾的後果。一般具有喜劇色彩，也藉此宣揚宗教，情節一般也不合常理，令人難以置信且聯想到神話。

韓南指出〈五戒禪師私紅蓮記〉或許是最早的宗教小說，小說的中心是歷史人物蘇東坡（1037～1101）與佛印（1032～1098）〔註30〕的友誼，圍繞這中心展開了一個複雜充滿情慾色彩且與佛家禁慾思想對比的故事。小說中不只

〔註28〕出自《萬錦情林》清代 三台館山人。

〔註29〕和尚僧人於圓寂時，敘述當時心境之偈頌、詩文，稱為辭世文。又作辭世、辭偈、遺偈。

〔註30〕蘇軾，字子瞻，一字和仲，號東坡居士，後世稱為蘇東坡。北宋文學家；佛印，俗姓林，名了元，字覺老，一說姓謝名端卿，北宋饒州浮梁人。

寫主角們今生今世的故事，也寫了他們前世的故事。所以這篇小說也帶了因果輪迴的思想。另外還有一篇〈佛印師四調琴娘〉與此篇相關聯。再者，韓南提到〈月明和尚度柳翠〉是部分取材於前兩篇的作品，這篇小說中寫了對和尚的考驗，也和一些早期、中期小說、戲劇都有關連。主要材料是十六世紀在杭州表演的說唱「陶真」〔註31〕中常見的主題，發展部分可能源自口頭文學，小說中每一個因素都可以在其他作品中找到類似情節。〈月明和尚度柳翠〉的來源之一應該是同名的元劇〈月明和尚度柳翠〉，小說在原本的劇情上再加上因果輪迴的內容。

〈陳可常端陽仙化〉是另一篇關於官員與和尚的小說，不過小說中的和尚犯了色戒的控訴是被陷害的，為的是還前世的宿債。這一類小說往往以超自然的輪迴報應來消除人們的行為。〈花燈轎蓮女成佛記〉的宗教氣味更加濃厚。韓南認為這是一篇很好的宗教喜劇，一個層面是世俗的，另一個是宗教的，兩個層面相互作用交織而成的喜劇小說。

（四）公案小說

韓南指出，可從《明成化說唱詞話叢刊》〔註32〕中證實公案小說在明代仍然流行。到現在為止，並沒有一本完整保存下來的中期公案小說，能見到的只有一本編於1594年杭州，關於包公故事的《百家公案》〔註33〕。但它不是第一版本，甚至也不能成為最初的代表。但它激起了一陣寫公案小說的浪潮，熱潮過後，明末清初時曾出現過一半取材自《百家公案》的第二個集冊《龍圖公案》〔註34〕使這股公案小說浪潮能延續下去。清代中晚期也有出現公案小說，但它強調的是英雄事蹟，而不是探案事件，與這裡的公案小說不同。

在明代的這些公案小說，只有《百家公案》是全以白話文寫成，共一百回。而可能的作者有三個，其中時間最晚的應該就是1594年的文本編者。韓南提到，在這個作者前的兩位作者，第一位寫了前四十篇，第二位寫了後三

〔註31〕宋代民間流行的一種說唱技藝。

〔註32〕明代說唱詞話話本集。是1976年在上海嘉定宣姓縣發現的明代墓葬，後出土的一批明成化七年到十四年（1471～1478）北京永順堂刊印的說唱詞話本共13種。

〔註33〕又稱《包公案》，是中國明朝末年的公案小說。全名為《增像包龍圖判百家公案》，為中國古代公案小說，全書共十卷，由明朝安遇時等所作。以北宋清官包拯為主角，敘述了百餘件包公斷案的故事。與《施公案》、《藍公案》並稱「三公奇案」。

〔註34〕全名為《新鐫繡像善本龍圖公案》，明代公案小說，十卷，作者不詳。

十一篇〔註35〕。第一位作者顯然是受到有關包公的唱詞所啟發,他用了唱詞作為文本的引子。前十二回從包公初任開封府寫起,構成一個按時間順序排列的相關故事,其中幾篇主要是闡明包公的思想品格,而不是解決案情。這裡包公表現出一個頑固、道德高尚的人,對於平民百姓的同情、仗勢欺人的人的無情,使小說具有某種社會抗議的意味,這種社會意義反而比較接近早期小說的概念。

　　韓南提到,在這類小說中,將包公置於與有權勢者對立的地位大多來自唱詞,其中寫得最好的是第74回〈斷斬王御史之贓〉及第75回〈仁宗皇帝認親母〉,這兩篇來源是唱詞《仁宗認母》的一個故事。而後來的作者往往局限於寫較為世俗的犯罪案,其中最好的兩篇分別是第76回〈阿吳夫死不分明〉及第77回〈判阿楊謀殺前夫〉,這是由一個罪案引起,又解決第二個案件的故事。

　　這兩位作者的寫作範圍都比第三位來的寬廣,材料來源也多元,最多是取自戲曲、文言小說及其他白話小說。後來的公案小說卻寫得較為精細,他們寫有關犯罪的許多細節方面,從策劃犯罪到被處決,而且常要放入一個不公正的錯判案再由包公來糾正,而且也很少在故事中製造神秘感。另外韓南也提到,第二作者經常涉及神話,並表現善行得到善報的故事。這位作者最值得注意的是關於金魚精與五鼠精的故事,第44回〈金鯉魚迷人之異〉及第58回〈決戲五鼠鬧東京〉。在這故事集裡,神話喜劇的想像,加上傳奇故事、道德寓言、犯罪故事,使故事集從頭到尾都顯得輕鬆有趣。

　　韓南認為,這兩位作者雖然存在許多差異,但只能從其作品來判別,卻不能確定他們的身份。整個早中期的作者除了《欹枕集》外都是不知其名的。這也說明了為何這些故事能簡單的依據題材及敘述方法的共通性來將它們分類。而從十七世紀初開始,最好的白話小說作者或編者就都是文人了。

第三節　韓南之早、中期中國白話小說研究析論

　　前面兩節就韓南的早期及中期白話小說進行闡述,本節旨在分析韓南《中國白話小說史》中早期與中期研究,以期對早期及中期白話小說有更深入的了解,並予以客觀的述評。

〔註35〕Patrick Hanan, "Judge Bao's Hundred Cases Reconstructed", *Harvard Journal of AsiaticStudies 40/2*(1980), pp.301～323.

　　韓南對於早期、中期白話小說的研究主要研究觀點如下：首先韓南認為現存的早期白話小說中主要來自洪楩編的《六十家小說》與馮夢龍的《喻世明言》、《警世通言》、《醒世恆言》。根據他的分類，現存白話小說中有 34 篇可以定為 1450 年以前寫成，也就是屬於早期中國白話小說。而中期小說則以 1450～1550 這百年間的小說為主。這樣分期主要是由於現存最早的小說版本來自洪楩編的《六十家小說》，以它出版時間定為下限。其次，他認為小說的材料來源可能有兩三種或數種，即使我們以為文言記事與小說之間是直系的起源關係，小說的樣本仍有可能是某個中間作品，如口頭故事或戲劇。

　　再者，他認為最早的話本是說書人依據說書使用本子的內容，將它印製出版後成為當時流行的讀物，而作家又將此當作範本模仿，進而寫成白話小說。大約在元代，已經有一群閱讀白話小說的讀者，而寫作白話小說的目的就是提供這群讀者閱讀。且他認為早期白話小說的作者到目前為止，只知道其中一個是元代的話本作家陸顯之。他認為有些白話小說作者可能是著名的劇本作家，或許有些可能是說書人，然而對於後來興起的大量白話小說的作者，卻無法有明確的證據來證實。最後，韓南將早期小說依照主題和結構分為四種類型，公案小說、鬼怪小說、傳奇小說及連環小說分別討論；將中期分為愚行小說、傳奇小說、宗教小說及公案小說四類。底下試以韓南的研究論點，予以析論：

一、小說的分期及材料來源

　　韓南認為現存的早期白話小說，主要來自洪楩編的《六十家小說》與馮夢龍的《喻世明言》、《警世通言》、《醒世恆言》中收錄的一些小說。根據他的分類屬於早期中國白話小說的共有 34 篇。直到艾衲的《豆棚閒話》為止，他將中國白話小說分為三階段，早期（1250～1450）、中期（1400～1575）及晚期（1550～1627）〔註36〕。韓南主要依據「風格判準」分析及小說中的內證及外證來將小說分類。而材料來源部分，韓南在〈「古今小說」中某些故事的作者問題〉〔註37〕中提到其中《喻世明言》的主要來源應是田汝成的《西湖遊覽志》與《西湖遊覽志餘》，韓南也認為白話小說的材料來源可能有兩三種或數種，即使我們以為文言記事為小說的起源，然而，小說的樣本仍有可能是來自

〔註36〕小說詳細的分期方法可以參考本論文的第五章第二節。

〔註37〕見 Hanan Patrick, "The Authorship of Some Ku-Chin-Hsiao-Shuo Stories", *Harvard Journal of Asiatic Studies*, Vol.29,（1969）, pp.190～200.

口頭故事或戲劇，並以洪楩編的《六十家小說》的出版時間作為界定中期小說的時間下限。

為檢視韓南的研究論點，筆者首先考察學界對宋元話本小說分期及來源的看法。要探討小說的分期，我們要先從白話小說的來源開始談。「小說」一詞最早見於《莊子‧外物篇》中「飾小說以干縣令，其於大達亦遠矣。」〔註38〕，但「小說」於此指的是瑣碎的言談，而與現在所謂的「小說」有極大的不同。其後，魏晉南北朝時，出現「志怪小說」，及至唐代的「傳奇」，此一文體作為古代短篇小說的開端。在唐代時甚至還出現宣傳佛教教義，文白夾雜的變文。宋代開始興起說書，而說書人的話本便開始流行起來，漸漸地也影響到中國小說的發展。

蕭欣橋在《話本小說史》中提到，沒有唐宋時期的話本小說就沒有元明清的白話小說，話本則是源自唐代的「說話」，而宋代開始則有人開始依據說話的內容編寫成「話本」。過去話本小說的研究都是從宋代開始，因為他認為就算溯及既往，早期的作品也是屬於孕育或萌芽時期。他認為洪楩編的《六十家小說》收錄了許多未加工或只稍微加工的宋元小說話本，而在「三言」、《京本通俗小說》及《熊龍峰四種小說》也都有收藏一些宋元話本小說，然而，話本小說比起《六十家小說》則顯其改動較多〔註39〕。

葉桂桐在《中國古代小說概論》中認為白話短篇小說大致上只分為兩個時期，一是唐宋元時期，二是明到清初中葉。前一個時期的高峰為宋，後一個時期的高峰為明末。他認為白話短篇小說先是講唱藝術，然後才形諸文字，並由文人擬作。他也指出白話短篇小說有兩度繁榮昌盛，說明它自有強大的生命力。而這生命力正是在於它是鮮活的文學，在於它與市井人民有血肉的關聯〔註40〕。

徐志平在《明清小說》中也提到，由於宋代說書業的發達，一種與大眾關係密切的新興白話文學逐漸形成。說書人廣泛地收集歷朝的奇聞逸事，以及當時社會上發生的大小新聞，予以擴充、發展、誇張、變化，以便抓住聽眾的好奇心，集中聽眾的注意力。而當這些說書的材料師徒相傳，累積了相當的年代後，內容就變得相當豐富，值得編印出來供讀者欣賞。

〔註38〕 見《莊子‧雜篇‧外物》。
〔註39〕 見蕭欣橋、劉福元：《話本小說史》（杭州：浙江古籍，2003），頁125～136。
〔註40〕 見葉桂桐：《中國古代小說概論》（台北：文津出版社，1998）。

他也提到，宋元以前志怪及傳奇皆是以文言文記錄或創作而成，而宋元以後，受到民間文學的影響，開始出現白話小說，並逐漸取代文言小說的地位。「話本」一般都解釋成說話的底本〔註41〕。

魯迅首先在《中國小說史略》〔註42〕中提到「擬話本」用來指模擬話本形式的文人創作小說。明代的擬話本在宋元話的基礎上漸漸發展，他們向廣大的群眾擷取生活中豐富的寫作材料，予以精細的琢磨加工，還保留話本文學的庶民風格，創作出許多流傳的作品。

劉勇強在《話本小說敘論》中也認為，洪邁的《夷堅志》卷帙浩繁，影響深遠。受此書直接、間接影響著作眾多，首先直接影響最明顯的就是「三言」、「二拍」。它們直接取《夷堅志》內作品進行少量改編，而在「三言」「二拍」中也有作品是受其間接影響的，而實際共涉及《夷堅志》47 篇小說。劉勇強也提到，值得注意的是《夷堅志》的影響不僅僅在白話短篇小說，甚至在文言小說體系中也有影響。如《拍案驚奇》中的〈喬兌換胡子宣淫，顯報施臥師入定〉就是出自《夷堅志》中的〈劉堯舉〉，然而劉勇強比較後發現，溯汲本源是出自《夷堅志》，但《拍案驚奇》中使用的原本應該是經馮夢龍改編後收入《情史類略》的〈劉堯舉〉，屬於間接性的影響〔註43〕。

夏志清也提到，南宋和元代首次刊行的好幾部簡略的朝代史，世稱「平話」，顯然就是據講史藝人的腳本寫成的。雖說最後把它們擴寫成長篇小說的常常是個人作家獨力所為，並且也不一定依照這些腳本編寫。儘管這些話本的現存最早刻本以及著錄這些故事的收羅宏富的書目如《清平山堂話本》、《寶文堂書目》等，刊刻時間不過是十六世紀中葉，但其中很多篇故事顯然可以溯源於宋代〔註44〕。

綜言之，關於中國白話短篇小說的分期，基本上中文學界、甚至英美學界皆尚未有令人信服的分期方法。中文學界普遍還是習慣以政權的朝代來做一大概性籠統的分類，韓南提出早、中、晚期的分法雖然頗有新意，但是如何去界定、判斷小說寫作的真實年代？是否超過他所定年代的作品就不屬於該期？這也仍需討論。縱然如此筆者認為，韓南對於小說分期的方法仍值得中文學界借鏡，他所運用的是以文本證據來探討，而非與文學較有差距的政權來評斷。

〔註41〕見徐志平、黃錦珠：《明清小說》（台北：黎明文化出版社，1997）。
〔註42〕見魯迅：《中國小說史略》（北京：人民文學，1981）。
〔註43〕見劉勇強：《話本小說敘論》（北京：北京大學出版社，2015）。
〔註44〕見夏志清：《中國古典小說》（台北：聯合文學，2016），序。

再者現存中國白話短篇小說來源可能有多種，一般學界普遍認為明清時的小說其源頭應都是來自宋元時期說書人的底本，也就是「話本」，在這點上來說筆者認為韓南與中文學界的構想是大致相同的。文學的流傳並不是一朝一代所能斷定的，加上早期文學作品距今也有一段距離。歷史流長但文本屬於有形之物，也不一定就能全部完整保存下來。在現代的我們無法完全肯定當時文學起源的真正時間及作者，只能藉由現存文本中的線索去推測。

二、小說作者及著作目的

韓南認為白話小說的作者目前為止只知道其中一個是元代的話本作家陸顯之。他認為有些白話小說作者可能是著名的劇本作家也或許有些可能是說書人。而著作的目的是提供一群白話小說的讀者閱讀。他們依據說書人使用本子的內容，將其印製出版或當成範本模仿，進而寫成白話小說。

為檢視韓南的研究論點，筆者首先考察學界對宋元話本小說作者及目的的看法。前一點也提到徐志平認為說書人廣泛地收集歷朝的奇聞逸事，以及當時社會上發生的大小新聞，予以擴充、發展、誇張、變化。而當這些說書的材料師徒相傳，累積了相當的年代後，內容就變得相當豐富，值得編印出來作為「話本」供讀者欣賞〔註45〕。

魯迅也提到明代有「擬話本」的狀況，這些文人藉由模仿「話本」來著作新的故事。〔註46〕

蕭欣橋在《話本小說史》中提到在現存的一些話本小說體中可以看到「京師老郎傳流」、「老郎傳說」等字樣，說明這些話本都是由北宋時期的「老郎」代代相傳下來的。根據《夢梁錄》、《武林舊事》等書記載「老郎」是對當時說書人集社中，名份高、輩份年紀長且有精湛技藝者的尊稱。蕭欣橋也提到，宋元時代還有一種書會組織，專門為藝人們編寫劇本、唱本、話本等演出底本，稱為書會先生〔註47〕。

夏志清認為在唐代文學裏，我們可以見到最早提及京城長安有凡俗職業說書人的記載。這些說書人的職業化，可能是僧人講故事極受大眾歡迎的結果；而他們的興起也促進了唐傳奇的成長。宋初，僧人在大庭廣眾場合講故事

〔註45〕見徐志平、黃錦珠：《明清小說》（台北：黎明文化出版社，1997）。
〔註46〕見魯迅：《中國小說史略》（北京：人民文學，1981）。
〔註47〕見蕭欣橋、劉福元：《話本小說史》（杭州：浙江古籍，2003），頁125～146。

受到了禁止。根據當時的記載,由於對手歇了業,凡俗職業說書人北宋末年在京城汴梁曾盛極一時,而且在金人入侵、中原淪陷後,南宋的新都臨安說書仍興旺如昔。在那好幾種說書人中,每一種又組成一個「行會」,其中似乎以擅長小說(分煙粉、靈怪、傳奇、說公案諸類)的最為突出,雖然講史的,尤其是那些專門說「三分」和五代史的也頗受歡迎〔註48〕。

綜言之,韓南與學術界的觀點是相同的。筆者認為早期白話短篇小說的作者來源有很多種,當時流行「說話」藝術,市井百姓閒暇之餘就會前去聽書,於是大量流行起來。為了滿足聽眾的耳朵,說書人便要積極尋找話本,口耳相傳的故事皆無法判斷作者。有些有文化的讀書人可能會創作話本,但當時雖流行話本,但文人雅士仍視其為不入流的俗物,因此在創作時可能就不會署名,現代學者也就無法得知作者。宋代當時商業繁榮,印刷業也隨之崛起,因此書商便藉此出版當時深受百姓所喜愛的話本,以此賺錢。話本大量的出版也就造成後代白話短篇小說的興起了。

三、小說的主題和結構

韓南將早期小說依主題和結構分為(1)公案小說:關於犯罪及審判、(2)鬼怪小說:與鬼怪相關,引起懸念及營造氣氛、(3)傳奇小說:關於「情」的描寫及(4)連環小說:多個故事串連。中期小說部分韓南則依主題分為(1)愚行小說:愚蠢行為導致後果、(2)傳奇小說:與「情」有關、(3)宗教小說:高僧與和尚的故事及(4)公案小說:犯罪及判案。

為檢視韓南的研究論點,筆者首先考察學界對宋元話本小說主題和結構的看法。蕭欣橋提到根據《東京夢華錄》記載,早在北宋時已經有講史、小說的門類,而後來在《都城紀勝》〔註49〕及《夢梁錄》〔註50〕中皆有記載,南宋

〔註48〕 見夏志清:《中國古典小說》(台北:聯合文學,2016),序。

〔註49〕 《都城紀勝》中記載:「說話有四家:一者小說,謂之銀字兒,如烟粉靈怪傳奇;說公案,皆是搏刀趕棒及發跡變泰之事;說鐵騎兒,謂士馬金鼓之事。說經,謂演說佛書;說參請,謂賓主參禪悟道等事。講史書,講說前代書史文傳與廢爭戰之事。……合生,與起今隨令相似,各占一事。」

〔註50〕 《夢梁錄》中記載:「說話者,謂之舌辯,雖有四家,各有門庭:且小說,名銀字兒,如煙粉靈怪傳奇;公案,朴刀桿棒發發踪參(案此四字當有誤)之事。……談論古今,如水之流。談經者,謂演說佛書;說參請者,謂賓主參禪悟道等事。……又有說諢經者。講史書者,謂講說《通鑑》漢唐歷代書史文傳與廢爭戰之事。合生,與起今隨今相似,各占一事也。」

有說話四家,分別為小說、談經、講史、合生。然而歷史上對於這四家是哪四家卻是版本不同。

而魯迅在《中國小說史略》中認為,四家應是:小說(銀字兒〔註51〕、說公案、說鐵騎兒〔註52〕)、談經(說經、說參請)、講史書(說史)、合生〔註53〕。

而于天池、李書在〈宋金說唱伎藝〉中也提到:「唐代的說話還是籠統地講故事,宋代說話便有了細緻的分工,其中講史和小說還有了進一步的類目分別,有自己專門的演員甚或明星。當然這其中也還有一個演進過程。……由於《都城紀勝》和《夢梁錄》語意含混,近代學者在研究宋代說話家數時,一方面遵循說話分為四家的分類,另一方面都在四家是哪四家的問題上發生了歧義。一般均同意小說、講史、講經各占一家,而在第四家是誰的問題上,眾說紛紜:或主張合生,或主張合生與商謎,或主張合生、商謎外加說諢話,或否定合生等,而把說公案,說鐵騎充作第四家……」〔註54〕

傅承洲在《明清文人話本研究》中肯定韓南的小說類型研究,他認為韓南的研究具有啟發性意義,韓南並不對話本小說做最終的分類而是對不同時期、不同作家小說的主要類型做概括與闡釋。他也提出,有的學者將宋元小說話本分為四大流派,即寫實派的社會問題、浪漫派的愛情小說、江湖派的豪俠小說與奇幻派的神怪小說。但在傅承洲看來,沒有考慮作者、不清楚作家之間的聯繫與創作主張,甚至不清楚小說產生的確切年代下,僅依作品題材與主張的類似來劃分流派,實在太危險。因此他認為韓南這種概括性的分類反而是符合宋元小說話本的實際性。

傅承洲認為,對明代話本進行分類研究本身就是一件吃力不討好的事,中外學者的類型劃分無一不受到責難,甚至美國學者 Ulrich Weisstein〔註55〕就將目前學術界流行的小說劃分法全部駁倒。但傅承洲認為,他並不奢望對明代話本劃分出一個普遍人們所能接受的劃分,而是在進行深入研究的過程中,僅僅為了方便及深入研究時,這是無法避免且必須經過的道路。

他認為文學分類應兼顧形式與內容兩層面,即外在及內在因素。他指出學術研究不應該分割歷史,從宋元以來,許多學者的分類研究整理提供了後人豐

〔註51〕指胭粉靈怪之事。
〔註52〕指士馬金鼓之事。
〔註53〕見蕭欣橋、劉福元:《話本小說史》(杭州:浙江古籍,2003),頁125～146。
〔註54〕見于天池、李書:《宋金說唱伎藝》(台北:秀威資訊科技,2008),頁63～65。
〔註55〕烏爾利希·威斯坦因(1925～2014),當代著名比較文學家。

富的類型概念及設計方法，他們並沒有關於理論這類系統性的分析，但對於文學藝術的感覺卻是令人佩服的。例如「公案小說」在至今仍是話本小說的一個重要的類型概念，是其他術語所不能代替的。基於這些原因，傅承洲將明代話本分為四大類型，即公案小說、愛情小說、靈怪小說及宗教小說。若有些小說名篇，不宜歸類為某一類型也不勉強歸類〔註56〕。

　　綜言之，筆者認為國內外學者的分類法都有其依據，無法說明誰較對，誰較錯，我們只能依照學者對於小說的分類評比優劣得失。如同傅承洲認為的，要將大量的文本做一完整性的分類，本就是吃力不討好的事情。小說在創作過程中並不一定只存在著單一主題，如同像詩那樣篇幅較短的作品，就可能包含兩到三種題材。因此筆者認為，韓南藉由文本證據來將早、中期短篇小說分類，是目前較為適當的分法，因為他不考慮固定的文本來源，而是考慮小說內在證據及外在證據的時間分期。筆者認為如同傅承洲說的僅依作品題材與主張的類似來劃分流派，實在太危險。韓南這種概括性的分類反而是符合宋元小說話本的實際性。

〔註56〕見傅承洲：《明清文人話本研究》（北京：人民文學，2009）。

第四章　韓南之晚期中國白話小說研究析論

　　韓南在《中國白話小說史》中將中國白話小說分為早期、中期、晚期。韓南將晚期訂在 1550～1627 之間的作品，他以「風格判準」及確定年代的作品，分類出屬於中國白話小說史中的晚期小說。他將這些小說以作者分章討論，分別為馮夢龍、席浪仙、凌濛初、李漁以及艾衲。韓南就這些作家的生平及寫作風格、用字技巧、文學思想等，做一深入分析研究。本章旨在就韓南《中國白話小說史》分期中之晚期部份加以探討，針對韓南所著重之明清小說家予以分析，俾使對韓南晚期白話小說研究有更深入的了解，並予以客觀的析論。

第一節　韓南之馮夢龍生平思想及白話小說研究析論

　　馮夢龍為明代文學家及戲曲家，最出名的作品為合稱「三言」的《喻世明言》（古今小說）、《警世通言》、《醒世恆言》三本白話小說，常與凌濛初的《初刻拍案驚奇》、《二刻拍案驚奇》合稱「三言二拍」，是中國白話短篇小說的經典代表作品。「三言」各四十篇，共一百二十篇故事，為馮夢龍選取宋元明話本中佳作所編而成。凌濛初曾評論馮夢龍「獨龍子猶氏所輯《喻世》等諸言，頗存雅道，時著良規，一破今時陋習。」〔註1〕，至今為止馮夢龍仍被譽為明代通俗文學第一人。馮夢龍到晚年仍繼續創作整理小說和戲曲。除了「三言」外又編輯撰寫《古今譚概》、《太平廣記鈔》、《智囊》、《情史》、《雙雄記》等的小說集及戲曲。

〔註1〕見〔明〕凌濛初：《初刻拍案驚奇》序。

　　馮夢龍的文學成就主要表現在通俗文學上，他的作品反映了明朝平民百姓的思想感情和道德觀念，同時也反映了明朝末年反抗封建禮教和追求個性解放的色彩。他的作品對於女性飽含同情和讚美，有早期女性解放意識的角色存在，如：杜十娘、白娘子、周勝仙等，這些他作品中女性都閃爍著人性的光芒，也表現了對女性的理解和尊重。

　　馮夢龍不僅是大量白話小說的編著者，更是通俗文學第一人。韓南為了瞭解白話小說在中國文學史中的地位，必定從馮夢龍的生平思想及作品來探討，已解其在白話小說在歷史中的研究。

一、韓南之馮夢龍生平思想研究

　　韓南先從馮夢龍的生平和思想談起，他認為從馮夢龍的一些文學作品中可以看出，馮夢龍很少去談文學的性質及價值問題，但是對於具體的像是文學體裁等發表議論，表現出馮夢龍的文學主張。韓南也提到，馮夢龍對純文學是不重視的，比起文字技巧馮夢龍認為文學的意義及實質更為重要，馮夢龍也認為直白的感情敘述是詩的最高境界，強調用詞平易，而小說和戲曲馮夢龍只關心內容是否對於世道有幫助。因此韓南認為馮夢龍對於白話文學的提倡應該是因為這樣的文學思想。

　　在不同的時代都有主要的文學體裁，韓南提到早在元代就有人提出此概念，而當時提出這種概念是要推崇元劇，到馮夢龍時，這樣的文學體裁推論已經是當代文學評論的一種常識，而馮夢龍論證提倡白話文學的主張也是因此觀點。馮夢龍也認為在漢唐時，中國文學出現一次分裂，並將口頭文學排斥於文學之外，使得口頭文學及整個文學都有所損傷，馮夢龍這樣的推論現代學者也是認同的，然而對於產生分裂現象的原因，現代學者和馮夢龍卻採取不同的觀點。馮夢龍認為造成分裂的原因是由於某些作家看不起民歌的審美技巧，及把文學（特別是詩）用於科舉考試制度的觀念。韓南認為現代研究學者因為有了語言發展變化的觀念，因此認為由於語言總是不斷的在變化加上行政機構的文言因素，使之僵化而造成分裂。

　　馮夢龍在《山歌》的序中提到「書契以來，代有歌謠，太史所陳，並稱風雅，尚矣。」〔註2〕對於《詩經》相當的推崇，韓南指出，馮夢龍認為中國文學統一最好的例子是《詩經》，兼收了民歌及宮廷頌詩。且馮夢龍也提到世間

〔註 2〕見〔明〕馮夢龍：《山歌》序。

只有假文章而沒有假山歌，正是因為山歌並沒有成為社會競爭中，爭名奪利的工具，而馮夢龍的這種觀念也在他其它的作品中出現。韓南認為雖然馮夢龍的這些議論似乎在要求有一種統一的文學，然而馮夢龍實際上是在反對平庸隨俗、矯揉造作的假斯文，及用作名利鬥爭而產生的不真實感情的文學。馮夢龍認為，如果文學與名利鬥爭無關，就會表現出文學真正的價值，且文學應該要影響更為廣大的公眾。

　　韓南提到，在《古今小說》的序中，馮夢龍就是強調文學的影響層面〔註3〕。馮夢龍將白話小說及文言小說做對比，認為有廣泛讀者且影響層面較深的是白話小說。馮夢龍在討論詩歌時，考慮的是文學的表達方式是否表達真情真意；而在討論小說和戲曲時，則是注重文學打動人心的作用，是否對讀者有說服力，韓南指出馮夢龍認為想要影響更廣大的讀者，文風就要簡潔。在當時，普遍認為簡約的作品是容易書寫的，因此如同當時其他高知識文人，馮夢龍也極力將自己與職業小說寫手「村學究」區別出來。這些村學究的作品往往有引文不正確、品位低下、套俗的問題。

　　韓南指出從廣義來看馮夢龍所有的小說作品都有教育意義，而馮夢龍寫作及改編的戲曲，也多涉及道德行為，有的在改編後的道德意義更加明顯，馮夢龍也認為小說及戲劇應為廣泛道德議題的關注重點。韓南提到，就算馮夢龍如此關注道德議題，但他並不是一個道德家，因此並非每篇作品中都加入道德議題。馮夢龍曾深受晚明活躍思想家的影響，他曾為王陽明（1472～1529）〔註4〕寫生平，也常引用李贄（1527～1602）〔註5〕的話，也受袁宏道（1568～1610）〔註6〕的影響。關於王陽明，馮夢龍強調的是王陽明對家庭的孝思追

〔註3〕馮夢龍在《古今小說》序中提到「……天下之文心少而里耳多，則小說之資於選言者少，而資於通俗者多。試今說話人當場描寫，可喜可愕，可悲可涕，可歌可舞；再欲捉刀，再欲下拜，再欲決脰，再欲捐金；怯者勇，淫者貞，薄者敦，頑鈍者汗下。雖小誦《孝經》、《論語》，其感人未必如是之捷且深也。……」。

〔註4〕王陽明，王守仁，字伯安，號陽明子，諡文成。明代著名的思想家、哲學家、書法家兼軍事家、教育家。王守仁是陸王心學之集大成者，非但精通儒、釋、道三教，而且能夠統軍征戰，是中國歷史上罕見的全能大儒。

〔註5〕李贄，字宏甫，號卓吾，又號溫陵居士，是明朝頗有影響力的思想家、史學家和文學家。

〔註6〕袁宏道，字中郎，號石公。知名文學家。與兄袁宗道、弟袁中道並有才名，人稱「三袁」，世人以為宏道是三袁中文學成就最傑出者。三袁發揚李卓吾「童心」思想，反對「前、後七子」等人之擬古、復古，主張文學重性靈、貴獨創，所作清新清俊、情趣盎然，世稱「公安派」或「公安體」。

朔到內心的「良知」說而非「知行合一」說。

王陽明的「良知」說是十七世紀中國哲學上許多人探討和爭議的起點，韓南提到，這種「良知」說的觀點影響了馮夢龍的觀念，首先「良知」說否定了許多被認為必須加以內在化的社會規範，而馮夢龍所反對的假道學正好非常強調這些社會規範。其次，這個觀點強調道德的內在壓力，不重視宗教與哲學之間的教義差別，並推動尊重佛、道、儒道德體系的「三教」思想。馮夢龍正是這種思想的信奉者。最後，「良知」說認為先天給予的比後天教養更為重要，輕視文化教養形成人性的意義。如同李贄認為好的作品是由「童心」產生的，而這也為馮夢龍找到了對口頭文學價值的一個支持論點。

韓南提到，馮夢龍將「情」當作構成良知的內容之一，在《山歌》中馮夢龍提到「情」是可以超乎自然規律甚至戰勝死亡，而在《情史類略》序中，馮夢龍又把「情」比喻成一種熱誠普遍的同情心，另外在馮夢龍其他評論中「情」又是善良行為所必需的心理激發。但韓南也指出，在馮夢龍全部的作品來說，「情」並不是那樣重要。撇開馮夢龍的詩以及《情史類略》，單就馮夢龍的小說及戲劇來說，馮夢龍呈現的仍然是一個我們所熟悉的以儒家道德為主的世界。而事實上，馮夢龍只在「情」的問題上向傳統挑戰，但他仍是以儒家道德為主流思想。對馮夢龍來說，實現自我意味著實現社會義務，或者說完成人們所渴望的社會責任。

影響馮夢龍思想的還有他的政治理念，韓南指出，馮夢龍是個熱誠的愛國者，在他生命的最後仍然在為南明的復興寫作。馮夢龍一生志在做官，但直到知命之年才終於進仕，當了縣令。

韓南提到，馮夢龍是一個地方色彩濃厚的作家，馮夢龍一生很長的時間都住在蘇州，因此對於蘇州當地的歷史、民俗及人物都有興趣。雖然馮夢龍的作品不僅限於蘇州，但描寫蘇州的要比其他地方還多，並使用許多蘇州的人、事作為材料。韓南認為，馮夢龍的為人可以說是兩種不同面相，或者說是處在兩個極端之間的。一邊是粗俗幽默、放蕩不羈、嗜酒且風流的情人，經常與蘇州的歌妓往來。另一邊的馮夢龍卻是志在做官，花二十多年時間鑽研《春秋》的嚴肅儒家正統讀書人。令韓南感興趣的是前面那一個馮夢龍，但是他也提到，在研究馮夢龍作品時，兩種極端的馮夢龍，卻也都出現在其中。

韓南也指出，馮夢龍的生平思想在他的作品中都可窺知一二，然而唯獨馮

夢龍與東林〔註7〕、復社〔註8〕的關係無法從作品得知。韓南提到，馮夢龍與東林、復社中許多人關係都很密切，如1925～1926年間東林被魏忠賢（1568～1627）〔註9〕打擊犧牲的其中一人熊廷弼（1569～1625）〔註10〕，馮夢龍便是他門下學生之一。又如曾為馮夢龍《智囊》寫序的張明弼（1584～1652）〔註11〕也是東林黨爭的犧牲者。等等關係說明馮夢龍對當時東林、復社的社會改革運動是抱持贊成支持的，韓南推斷，馮夢龍可能還是其中一員。

　　韓南提到，馮夢龍的作品最明顯的區別在於有時用真名，有時用筆名，似乎不單單是文言及白話的區別。下面談到一些馮夢龍署名真名的作品，首先表真名的有關於《春秋》的三本書《麟經指月》、《春秋定旨參心》及《春秋庫橫》，另一類署真名的作品是《智囊》，這本書是按照「智」這個題目，收集許多軼事及故事集結而成。馮夢龍其他作品也有像這種有按照一個主題集結而成的故事集，而這類型的書中還有參有十幾種類型的細微分類且有簡短的分析及觀點，比起單純的故事集錦更為深入。馮夢龍並不諱言《智囊》這本書是有所借鑑，然而是向誰借鑒卻又未明說。韓南認為應是借鑑樊玉衡（1549～1624）〔註12〕

〔註7〕東林指東林黨，是明朝末年以江南文官為主、各省士林相依附而成的一個儒家政治集團。「東林」二字取自於顧憲成講學之東林書院。由於東林黨人指責朝政「奸臣」，觸動當時的專權閹黨的魏忠賢，史稱東林黨爭。東林黨與閹黨之間的鬥爭一直延續到清朝初年。

〔註8〕復社是中國明朝末期的一個政治、學術團體，創建於崇禎初年，早期領袖為張溥與張采。初期的成員多是江南一帶的讀書人，後來發展為全國性社團。復社以「興復古學」為號召，故而得名，又因為早期成員多為東林黨人的後裔，稱為「小東林」。

〔註9〕魏忠賢，別稱魏閹，原名魏四，入宮後改名李進忠。出任司禮監秉筆太監後，復姓魏，改名忠賢，表字完吾。中國明朝末期宦官。在天啟年間與東林黨人爆發激烈的東林黨爭，拉攏齊楚浙黨官吏加入自己一方，是為閹黨。崇禎帝即位後遭整肅、流放，畏罪自殺，崇禎帝依然憤怒，將其屍體凌遲。

〔註10〕熊廷弼，字飛百，號芝岡，明朝政治、軍事人物。1620年東林黨人和魏忠賢黨鬥爭已進入白熱化，1624年六月，東林黨人上疏彈劾魏忠賢二十四條罪狀。魏忠賢大興黨獄，為了迫害東林黨人，就乘機誣陷東林黨人接受熊廷弼賄賂。通過縊害熊廷弼，來打擊東林黨。

〔註11〕張明弼，明朝文學家、學者。字公亮。崇禎六年（1633）中舉人。崇禎十年（1637）進士，授廣東揭陽縣令。早年師從曹大章，古文詩賦名重一時。與冒襄等五人義結金蘭，為復社重要成員。天啟六年（1626）因作《獮狂國記》，隱指魏忠賢，幾乎獲禍。

〔註12〕樊玉衡，字欽之，明朝政治人物，萬曆十一年進士。萬曆二十六年，受妖書案牽連，險被處死。經過大學士趙志皋等力救，永戍雷州。

的《智品》，除了主題相似外，還採用了《智品》中的兩個類別、條目及一些評論。但《智品》卻沒有《智囊》那樣的成功。

從《智囊》的序及內容來看，馮夢龍認為真正的才智是內在的「良知」、是天生的，但是是需要經過後天的學習把它展現出來。這種才智就是在公眾事務中取得成功 [註13] 的因素。韓南提到，馮夢龍反對瑣碎的公式，輕視以科舉功名成就來評斷才智，嘲笑試圖以理論解決實際事情的腐儒，這也是《智囊》所呈現的態度。

另外，馮夢龍所著作《古今談概》出版早於《智囊》，其中軼事內容都較為短，而且經常附有馮夢龍及其他人的評論，也些評論甚至選自李贄及其他人的書中。而從《古今談概》的條目中可以看出與《智囊》同樣的價值觀。兩者皆不重視道家及佛家，也直接針對儒家教條和愚昧等非理性的事情來諷刺取笑。但韓南也指出《智囊》是講求務實，《古今談概》則是嘲笑教條和形式主義。

馮夢龍還在 1626 年時改編並著《太平廣記鈔》，他認為庸俗的思想導致惡行，文學則是對這種行為的補救。而在他當縣令時，也編了縣誌《壽寧待誌》，原本的縣誌都是表彰忠孝貞節，非常限制作者個性的體裁。韓南認為馮夢龍卻不同，能夠將縣誌寫的與眾不同，文字中充分表現了個人特色。《中興實錄》成書時，正好是明代即將滅朝之際，馮夢龍一改過去冷靜的態度，而充滿浪漫主義的英雄色彩。同年馮夢龍又完成《甲申紀事》這本書包括《中興實錄》，但還增加了其他材料。馮夢龍在序中表現出一種迫切救國的感覺而不是失望的情緒。另外馮夢龍還有一卷詩，《七樂齋詩稿》，但當代歷史評價不高。《智囊》及《古今談概》儘管內容嚴肅，均被清代官方評論家認為是輕浮滑稽的。

馮夢龍署真名的作品大多是舊式文學作品，然而除了《春秋》的著作外，其他作品都富有新意。韓南認為，與當時的文人不同，馮夢龍並未認真在創作文集或詩，反而將全部心力用在小說、戲曲及民歌上，在當時是相當奇怪的。

明朝有許多民歌集，現存的民歌集有許多有名文人仿作，也有一些不具名的差勁作品。韓南指出，馮夢龍的民歌集卻是截然不同，不僅編排仔細，還為民歌辯護，挑戰儒家道德及文言詩。馮夢龍的第一個民歌集是《掛枝兒》，韓南認為集子中只有四首可以肯定是馮夢龍所做，且集子內充滿了表現馮夢龍個人特色的評論。

〔註13〕這裏的成功指的不是個人的成功，而是社會及民族普遍意義的成功。

　　馮夢龍的第二本集子《山歌》，是蘇州方言的民歌集，裡面的評論是也帶有一些北方白話的文言。馮夢龍用這種文白參雜的方式來解釋地方俗語，他認為民歌沒有必要用正式的詩格律，堅持民歌擁有的地方性。韓南指出，民歌集裡的山歌大多是充滿喜劇色彩，甚至用愉快的音調描寫偷情的行為。馮夢龍正是在民歌中公然歌頌性愛、不受禮教約束，在當時的中國是很少有人會收集，甚至未曾出版。韓南也提到《山歌》雖然並非完全與歌妓有關，但這些歌曲毫無問是在聲色場所所唱的。

　　韓南認為馮夢龍的《笑府》是中國笑話最出名的一本，後世流行的《笑林廣記》〔註14〕就是以此為基礎。明末以前，笑話書內容幾乎都是名人的喜劇軼事，但馮夢龍所編的書卻是將軼事和社會笑話分開。軼事主要描寫機智的內容，笑話書則專寫社會中出現的自相矛盾，如醫生殺人、和尚好色等等。馮夢龍的笑話書有許多是從別的集子里選錄出來，韓南指出，馮夢龍選擇笑話的主要特點是以描寫不敬、狂妄及簡單的白話語言。可惜的是，後人重編此書時卻將書中另一個特點，有個人特色及地方色彩的點評給刪去了。

　　馮夢龍也寫戲劇和散曲，也曾改編過別人寫的，他也曾寫過《墨憨齋新譜》談戲劇曲調。馮夢龍在戲劇方面是追隨沈璟（1553～1610）〔註15〕精緻的曲調及平易近人的文辭，雖然馮夢龍在《墨憨齋新譜》中對沈璟的著作有許多批評及修改，但整體來說，他對於沈璟這一派仍是尊重的。韓南指出，馮夢龍認為戲劇技巧主要的目的是要使它能被唱，因此他收集一些情節優良且不太違反曲律的作品，做修正並使其能用來訓練專職戲劇的人，以導正當時流行的戲曲沒有考慮演唱的錯誤。但是，馮夢龍所關心的不只如此，從道德價值、人物到主題結構等，都是他所關心的，雖然馮夢龍的評論是零散瑣碎的，韓南卻認為是明代戲劇評論最有趣且實際的。馮夢龍對戲曲的結構、表演方式、說白等的關注也為後來的李漁起了頭。

〔註14〕《笑林廣記》是中國古代的一本笑話集，由清代的遊戲主人收集而成，多以文言夾雜吳語白話文而作。取材多自明清時之笑話，形式上以短小精悍為主，並有大量的黃色笑話。

〔註15〕沈璟，字伯英，晚字聃和，號寧庵，別號詞隱。明代戲曲家、曲論家。與當時名曲家探究、切磋曲學，對音律研究有建樹。嘉靖年間，魏良輔改良崑腔，梁辰魚、沈璟為之推波助瀾，於是南曲大盛，北曲衰亡。而梁辰魚、沈璟南曲又多以參詞法為之，對明代後期曲壇，影響極大。後來有些戲曲作家在音律上擁護他的主張，模仿他的風格，被稱為「吳江派」。

　　韓南提到，現存馮夢龍的戲曲至少有十六個，這十六個中有馮夢龍所寫、改寫或改編的，《雙雄記》也許是馮夢龍唯一完全自己創作的戲劇，另外改寫自馮夢龍評價低的老舊劇本的是《萬事足》及《精忠旗》，《酒家傭》及《女丈夫》則是他將題材相同的兩個劇本合寫而成的，而另外十一個戲劇就全是改寫了。如《新灌園》是改寫張鳳翼（1550～1636）〔註16〕的《灌園記》，《風流夢》則是改寫湯顯祖（1550～1616）〔註17〕的《牡丹亭》〔註18〕。

　　馮夢龍所著《雙雄記》內容涉及馮夢龍一位友人與歌妓的愛情故事，韓南認為這是一部生動直率的戲曲，有許多南戲常見的結構，劇中關於當朝政府的賑濟及徵兵存有諷刺。韓南也指出，這說明一旦馮夢龍轉寫戲劇時，關心的事物就變成社會道德價值了。馮夢龍對於同時代的新戲曲，主要也是批評缺乏道德內涵，且喜歡使用華而不實、精細雕琢的詞彙。另外，馮夢龍所編的戲劇《精忠旗》、《酒家傭》、《女丈夫》、《新灌園》、《量江記》及《夢磊記》，都是加進很多馮夢龍想法的歷史戲劇。這些戲劇表現馮夢龍在其他作品，如《智囊》、《甲申紀事》中展現出來對國家及社會責任的態度，下面簡單做一介紹。

　　《精忠旗》寫北宋淪亡時期忠邪對立，岳飛（1103～1142）及秦檜（1091～1155）的故事。馮夢龍在舊劇本上加以改寫，因為他認為原劇本太過粗俗不夠真實，因此他以還原史實的方式去改寫。《酒家傭》韓南認為是馮夢龍劇本中最有趣的一齣，故事描寫暴君與受害者，劇中有許多涉及暴政與繼承問題，應該是與當代社會問題有關。劇中也表現了抵抗暴徒的英雄現象。《新灌園》改寫自張鳳翼的《灌園記》，馮夢龍認為此劇缺點有二，一是齊國世子尚未復國、父仇未報就急於與園主女兒愛戀，二是為世子報仇的將軍母子，忠義的描寫被棄之不顧。而這些在馮夢龍改寫後都被更加清楚地表現出來。

〔註16〕　張鳳翼，字伯起，號靈虛，別署靈墟先生、冷然居士。明代舉人。為人狂誕，擅作曲。所著戲曲，有傳奇《紅拂記》、《祝髮記》、《竊符記》、《灌園記》等。曾為《水滸傳》作序。

〔註17〕　湯顯祖，字義仍，號海若、清遠道人，晚年號海若士，一作若士。繭翁，齋名玉茗堂。明代末期戲曲劇作家及文學家，被譽為與莎士比亞同期及影響力相等的偉大文學家。著有著名戲劇《牡丹亭》、《紫釵記》、《南柯記》、《邯鄲記》，又因這四部戲都與「夢」有關，所以被合稱為「臨川四夢」，又稱「玉茗堂四夢」。

〔註18〕　《牡丹亭》，原名《還魂記》，又名《杜麗娘慕色還魂記》，創作於1598年，描寫了大家閨秀杜麗娘和書生柳夢梅的生死之戀。是湯顯祖最著名的劇作，在思想和藝術方面都達到了其創作的最高水準。

　　《女丈夫》寫唐代紅拂女的故事。《量江記》寫南唐李煜（937～978）的故事。《夢磊記》是一部傳奇喜劇，但馮夢龍關心的是它的歷史背景及道德教育。韓南也提到，《風流夢》、《邯鄲夢》是馮夢龍改寫湯顯祖的作品，湯顯祖的作品特色是豐富的想像力及精美的細節描寫，缺點便是很少考慮到唱劇的技巧，而這正好與馮夢龍、沈璟等這派相反。因此馮夢龍在改寫這兩劇時，便順從自己對於白話語詞的本能，刪除許多他認為過於晦澀的語詞，尤其在《風流夢》中這樣的手法非常明顯。

　　馮夢龍的散曲和戲劇主題不同，戲劇主題是國家與社會，而散曲主題則偏向有個人特色的私人情緒。韓南認為，馮夢龍現存唯一的散曲集是《太霞新奏》，而在馮夢龍的散曲中，主要價值在於它的「情」。這些曲子展現了一種極端的理想主義愛情觀，也展現了被拋棄時極端的悲哀。

　　馮夢龍另有著書《情史類略》，書中署名為「詹詹外史」〔註19〕，書中主要以情為主題，主要選自流行於明末時的烈女傳記，有些真實有些虛構。《情史類略》與馮夢龍的小說關係密切，馮夢龍的小說中有些故事與《情史類略》屬於同一來源，且《情史類略》也與馮夢龍的其他作品有關，如《山歌》等。韓南認為，馮夢龍在序中把「情」說成一種無私的同情心，可見他對「情」的理解是廣泛的。馮夢龍在其中一則評論中提到他認為忠孝節義都是從「情」的啟發中演變而來的，這裏的「情」似乎通過誇張的喜劇故事被神化了。可是韓南認為從心理學的角度來說馮夢龍的觀點仍是符合理性的，且馮夢龍在這本書中的評論，也表現出他集中注意的是英雄式的浪漫主義。

二、韓南之馮夢龍白話小說研究

　　接著談到馮夢龍的白話小說，韓南提到，馮夢龍的第一本白話小說《平妖傳》，存在著真假問題。張譽〔註20〕為其做序時，曾說這是馮夢龍本人所作。然馮夢龍本人卻承認這是對原有的一部小說的補充改寫。馮夢龍的三本各四十篇白話短篇小說出版於1620年代。當時書坊對於馮夢龍的名字往往任意使用，因此有些作品雖然署馮夢龍的名字，卻不是他所參與的。韓南指出，馮夢龍所經手出版的版本製作都相當精美，精細的插圖、豐富的註解和縝密的標點，他是把白話文傳播給廣大的讀者，但不是鄙陋的人。

〔註19〕在《情史類略》之前另有一本《情史》出版，現已失傳。馮夢龍曾用「龍子猶」的筆名寫情史序，因此韓南推斷就算馮夢龍不是作者，也必定是書籍主要的編者。
〔註20〕張譽，生卒年不詳，字德徵。明朝政治人物，進士出身。

　　馮夢龍的長篇白話小說《平妖傳》原本是明初的一部長篇小說，關於十一世紀短暫反叛的故事，它也常常被元代說書人作為故事的主題。在中國反叛故事中經常充滿魔幻色彩，《平妖傳》尤勝，幾乎三分之二的內容都在寫妖術，充滿了喜劇味，與故事結局的嚴肅氣氛不太協調。馮夢龍改編《平妖傳》正是因為原本的故事不完整，他在故事前增加了十五回，插進許多情節及背景細節描寫，為每個角色都安排完整的結局。韓南指出，馮夢龍在書中大量的運用評論，尤其是以敘述者與讀者對話的形式。但韓南也認為，雖然改編過後的劇本非常流行，也不意味著是傑作。馮夢龍最成功的是依靠文字風格的喜劇諷刺，在這類故事中也充斥者許多敘述者詼諧的議論及幽默的文字表現。馮夢龍還提供了一段白話引文，表現一切事物天註定，我們不必違抗命運的陳腐道德。

　　韓南提到《新列國志》原是作為一個系列的歷史小說的第一部，馮夢龍原本打算寫關於漢代的歷史小說，並按照歷史一直寫下去，然而卻沒有這樣做，或許是因為後來公務繁忙的原因。在書的序裡也表現了馮夢龍對當時歷史小說不顧歷史事實的捏造，認為是「村學究」的原因。馮夢龍也認為自己與之前的作者的風格有距離是非常自然的。原本的《新列國志》是出自余邵魚〔註21〕的《春秋列國志傳》〔註22〕，原作中的事件各自獨立，但馮夢龍卻把它改為不是各自獨立的章回。他考慮的是在原有的材料上再加入虛構的事物，馮夢龍在書中擴大、增寫了場景，也增加許多對話。韓南認為，他特別注重角色的動機和因果關係，佈局縝密，語言描寫有新意。馮夢龍所寫的故事中，激情與傳統禮的矛盾描寫相當細微，但在原始本子裡卻相當薄弱。因為馮夢龍關心的是角色的行為而不是天命，故事中的時間線長達五個世紀，因此敘述有所中斷是正常的，所以這些片段看起來就是一個有頭有尾的短篇小說，韓南也指出，這或許也是和馮夢龍擅長的寫法有關。在馮夢龍小說中角色人物較為出色的有兩種：壞女人及政治領袖、謀士，他在描寫這兩類人時並不會改變原作中對於他們的定位，而是更為集中描寫細節，凸顯這些人物的特色。

　　韓南提到，馮夢龍還寫了一本關於王陽明早年事蹟的軼事傳記《皇明大儒王陽明先生出身靖亂錄》，主要描寫關於王陽明早年生平及軼事，特別是軍旅

〔註21〕余邵魚，字畏齋，約明世宗嘉靖末前後出世，善寫通俗小說。著《列國志傳》八卷，《中國通俗小說書目》陳繼儒為之序。自馮夢龍《新列國志》行，此書遂廢。

〔註22〕歷史演義長篇小說。余邵魚編寫於嘉靖、隆慶年間，今存有萬曆年間所刻八卷本和十二卷本，述春秋戰國歷史故事。

事蹟，這本書採用了白話長篇小說的形式，特別在語言和評論技巧，但是其他方面馮夢龍仍是使用類似史書的敘述手法。另外馮夢龍也有一本書有提到王陽明，《三教偶拈》〔註23〕便是將王陽明、濟顛（1148～1209）〔註24〕及許真君（239～374）〔註25〕的傳記合寫成的書。馮夢龍在這本書的主要觀點是，漢代有著理想的政教結合，但是到唐代因為以詩的技巧選取人才因而衰退了。

接著，韓南提到馮夢龍的白話短篇小說。韓南認為，根據傳記和風格的證明，「三言」中約有四十篇是屬於早、中期的白話小說。而這四十篇小說中有十二篇是將現存的原有本子做修改的，透過與原本對比，可以看出馮夢龍在修改材料時並不是只有一種固定的原則。其中改動較大的有四篇，第一篇〈月明和尚度柳翠〉源自元劇同名劇本，馮夢龍取原文導入部分並補充結尾，第二篇〈明悟禪師趕五戒〉源自〈五戒禪師私紅蓮記〉，馮夢龍在入話中加入高僧入化的故事，及正話中佛印及蘇軾的生活歷練細微描寫。第三篇〈喬彥傑一妾破家〉源自〈錯認屍〉，馮夢龍增加了主角的鬼魂對敲詐者的報復。第四篇〈閒雲年庵阮三冤債〉源自〈戒指兒記〉，馮夢龍對原文事先警告的文字全不採用，韓南指出應是馮夢龍察覺原文小說中傳奇小說與愚行小說的類型產生混淆，因此做了改動。

韓南指出，馮夢龍曾承認有一篇小說是出自他自己的手筆〔註26〕，另外也暗示關於柳永（987～1053）〔註27〕的下流故事也是他寫的，除此之外韓南認為應該還有更多是出自馮夢龍之手或經由他改寫的。主要是由於馮夢龍以前作品的格式及風格特色來比對出來，韓南認為「三言」中共有二十二篇〔註28〕可

〔註23〕 分別輯錄了儒、釋、道三篇小說，《皇明大儒王陽明先生出身靖亂錄》、《濟顛羅漢淨慈寺顯聖記》和《許真君旌陽宮斬蛟傳》，以體現三教合一的思想。

〔註24〕 濟公，法號道濟，又稱濟癲和尚、濟公活佛，俗名李修緣，另有一名李心遠。富有傳說色彩的佛教禪門臨濟宗僧人，以不死守戒律、飲酒食肉、神通廣大聞名。

〔註25〕 許遜，字敬之，晉代著名道士，道教淨明道、閭山派尊奉的祖師。後人稱許九郎、閭山祖師、許旌陽、旌陽祖師、感天大帝，又稱許天師、許真君。

〔註26〕 馮夢龍曾為畢魏《三報恩》做序，並提到《警世通言》〈老門生三世報恩〉為馮夢龍自己所做。

〔註27〕 柳永，字耆卿，原名三變，家中排行第七，時人或稱「柳七」而不直稱其名，以屯田員外郎致仕，故又稱柳屯田。北宋著名詞人，著作品輯為《樂章集》，現存詞200餘首，對宋詞的發展甚有貢獻。

〔註28〕 這二十二篇分別是確定為馮夢龍所經手的《古今小說》中的十九篇（卷1、卷2、卷5、卷6、卷8、卷9、卷10、卷12、卷13、卷14、卷17、卷18、卷

以肯定為馮夢龍經手或改寫,另有十三篇不能完全肯定,但可能是出自馮夢龍〔註29〕。馮夢龍經常在一篇或數篇文言文作品材料上加以改編成一篇故事,然而他卻不曾用過戲劇或唱詞的材料。

〈蔣興哥重會珍珠衫〉是源自文言小說〈珍珠衫傳〉,故事後面的「報」的原則和道德內容非常清楚。韓南也提到,在白話小說中最忌諱沒有完整結局,然而馮夢龍除了賦予它完整結局外,還將天理報應的故事主題在開頭時就點明了。除了天理報應外,這篇小說還存在著另一種「人報」,是表現在蔣興哥與王氏之間的互相愛護體貼的情感。而第二種報更為感人,第一種「天報」是陳腐的老套的,是屬於常規的,用標準社會道德去陳述一種標準的判斷。第二種「人報」則是新鮮的,馮夢龍改寫最大的特色就是使讀者能理解和同情那個妻子的處境。

韓南認為,對比原作和改寫可以明顯看出白話小說的特點,就是瑣碎的現實主義。他指出文言小說是惜字、直接的,每段文字都是必須的;白話小說則是不在乎篇幅大小,只要與情節稍微相關就可以詳細描寫。而〈蔣興哥重會珍珠衫〉這篇文章的敘述方式和早、中期的小說並沒有太大差別,但在人物的動機思想上更加細緻的描寫,把人物的思想直接寫出並加以評論,表現出向讀者說明的行為。在時間的敘述也比較自由,有時會在敘述時突然回到過去,又有時會突然轉到新的敘述焦點。但韓南認為最令人吃驚的是小說所賦予的社會意義,在〈蔣興哥重會珍珠衫〉之前並沒有一個小說大膽的描寫通姦的問題。通姦在早期小說中是必然要受到譴責的,通姦的婦女都被寫成像妖精一樣,而在這裡卻不是這樣。夏志清也曾提到,「這是一個作者站在個人立場對抗社會」。馮夢龍在這裡是採取同情的態度,他認為按照社會道德規範要求來生活是相當困難的,但他的同情似乎也只限於性愛的範圍內。

〈陳御史巧勘金釵鈿〉也是關於天道報應的故事,可以媲美〈蔣興哥重會珍珠衫〉。故事正話的來源是一篇很長的公案小說,馮夢龍在此所做的是將他認為「村學究」的作品重新改寫。馮夢龍將故事人物母女的性格描寫得相當細緻,也是這篇作品跟原作的差別。而與此篇類似描寫公案作品的還有〈滕大尹鬼斷家私〉,是源自同一作品的另一篇,馮夢龍主要在此展現的是對老夫少妻

21、卷22、卷27、卷31、卷32、卷39、卷40),《警世通言》中的三篇(卷3、卷4、卷18)。

〔註29〕韓南認為,若非出自馮夢龍之手,也至少是出自同一個作者。

的認可態度。韓南提到，這篇小說完全沒有白話小說中常見的敘述者諷刺說法。

　　馮夢龍在自己寫的作品中展現了某種儒家知識份子的價值觀，如在〈智囊〉中最關心的兩個問題：智者懷才不遇的困境及領袖的性格（尤其是與追隨者的關係），大多的故事都有其來源，比如文言小說或野史等。〈窮馬周遭際賣䭔媼〉就是屬於這類小說，在文中提到馬周雖有才氣及大志，也處在仁治之時，卻因為無人引薦而窮困、酗酒，作者對於這樣酗酒的行為顯然是認同的，認為皆是因懷才不遇才借酒澆愁。後一篇小說〈葛令公生遣弄珠兒〉與〈裴晉公義還原配〉一樣都是屬於領袖人物的故事，韓南指出這裏展現了馮夢龍所推崇的寬宏大量的性格。前一篇故事寫葛令公重賢輕色的氣度，作者也在入話與正話轉折的地方加入白話小說典型的評論，感嘆世風不古。在後一個故事中，入話及正話都是描寫裴晉公的寬宏大度，作者也認為善行可以改變一個人的命運。

　　韓南指出在〈吳保安棄家贖友〉中，馮夢龍明顯地表現出另一種他所推崇的品德，即是朋友之交，特別是文人之間。這篇故事源自唐代文言小說〈奇男子傳〉，馮夢龍在此所做主要的更動有四個，首先馮夢龍增加了關於武則天的歷史背景，其次改編了故事的敘述時間，第三馮夢龍加入一些詩作為故事的評論，最後也是最大的變動，是馮夢龍修改了郭仲翔給吳保安的信，讓朋友之間的「報」更加不為所求。在《欹枕集》中關於朋友友誼的故事均被馮夢龍收錄至古今小說裡，韓南認為，從這裡便可看出馮夢龍對於朋友義氣的欣賞，且馮夢龍也表示想要著作這類型的小說。另一篇取自《欹枕集》的小說〈范巨卿雞黍死生交〉，馮夢龍也認為主人公為朋友不顧自身事情，才是真正的義氣。而在馮夢龍其他作品中，特別是戲曲，也有類似感觸。

　　韓南提到馮夢龍在寫〈臨安里錢婆留發跡〉及〈木綿庵鄭虎臣報冤〉時，是以史書為題材來撰寫，與之前已具備形式的材料不同，用的是新的手法。這兩篇故事皆是取自《西湖遊覽志餘》，前一篇寫錢鏐（852～932）〔註30〕故事，在註釋中馮夢龍強調英雄主義和志同道合的情誼。後一篇寫賈似道（1213～1275）〔註31〕的故事。另外〈鬧陰司司馬貌斷獄〉及〈游酆都胡母迪吟詩〉則是另一對並列的小說，兩篇小說的主角都遊歷地獄，並扮演判官和決定命運的

〔註30〕錢鏐，字具美或作巨美。五代十國時期吳越開國國王。廟號太祖，諡號武肅王。
〔註31〕賈似道，字師憲，為南宋丞相，在南宋滅亡前最後二十多年掌握朝廷大權。

閻王角色，在這馮夢龍利用角色間的對話，描繪了種種人世間的不公平之事，皆是因為權勢掌握在壞人手裡。

　　馮夢龍所經手的歷史類型小說最好的是〈汪信之一死救全家〉及〈沈小霞相會出師表〉。第一篇入話取自《西湖遊覽志餘》正話取自岳珂（1183～1243）〔註32〕《桯史》〔註33〕，入話乍看之下表現的是南宋人對北宋的懷鄉情節，實際上是反諷意味。故事中的汪革是馮夢龍所描寫的歷史人物中最有趣的一個，它既是個正面人物，但又被責備太過愚蠢。他是個獨立自主有決斷能力的人，又非常富有愛國心，是馮夢龍所推崇的人。馮夢龍也認為這是國家所需要的領袖人才，然而在故事中汪革卻因為被誣陷，而怒急攻心，失去冷靜的判斷，做出一連串錯誤的決定。最後汪革冷靜後要挽救錯誤決定，一死救全家的決定，才使他又得到正面的評價。原作中的故事內容相當紮實，但是因為不是小說的形式，所以馮夢龍做了一些變更。主要是增加汪革的性格中英雄的成分大於缺點，也強調他一死救全家的情節，最大的更動是他進京與上書要求抗金的情節，這使汪革的愛國心及領袖風範特徵更加明顯。後一篇〈沈小霞相會出師表〉主要描寫明代嚴嵩（1480～1567）〔註34〕、嚴世蕃（1513～1565）〔註35〕父子專權倒台的故事。這篇小說裡有許多常見的主題，如忠君愛國、文武全才，勇於反對權傾一朝的奸臣等，而馮夢龍喜愛的題材「萍水相逢卻深刻的友誼」也有出現。但這篇小說中描寫最好的，是後半部關於局面變動的細微描寫，從大歷史到世間瑣事，而這樣的細微描寫正是白話小說所擅長的。

　　另外也有寫王安石（1021～1086）故事的〈王安石三難蘇學士〉及〈拗相公飲恨半山堂〉，前篇是寫王安石才智難倒蘇軾的喜劇故事，後篇寫王安石生命最後的可怕困境，主要針對王安石新政變法的不滿。後篇源自明代中期的文言小說〈鐘離叟嫗傳〉〔註36〕，馮夢龍可能為改寫者。但在劇情改寫中卻沒有太大變化，僅增加了王安石當權的簡單過程及新政實施的情況及效果，而且這篇小說並沒有一個確切的結尾，沒有「報」的結構。韓南指出，這篇故事在入

〔註32〕岳珂，字肅之，號亦齋、東幾，晚年又自號倦翁。岳霖之第三子，岳飛之孫。
〔註33〕《桯史》是岳珂記載兩宋時代朝野見聞的一部史料隨筆，保留了許多文學史料。
〔註34〕嚴嵩，字惟中，號介溪，別號勉庵。明代嘉靖年間權臣，官至內閣首輔、吏部尚書、謹身殿大學士。
〔註35〕嚴世蕃，字德球，室名東樓。嚴嵩之子。
〔註36〕出自明宣德間，趙弼所著的《效顰集》。

話時，提到時間及名譽的問題。大意旨在人若在名譽極高時死去，便能流芳百世；若在名譽極惡時，便遺臭萬年。

在〈眾名姬春風吊柳七〉中比較不涉及歷史問題，是寫宋代詞人柳永的故事。這篇小說是重新改寫洪楩的《柳耆卿詩酒玩江樓記》，馮夢龍認為洪楩原文粗俗鄙陋，於是改寫。在文中，馮夢龍所展現的是另一個高貴有品德的柳永，首先對柳永在詩詞創作上做一個讚賞，其次說明柳永的傲氣，最後提到柳永的有情、真心。才子、傲士、有情人，構成一個馮夢龍理想中的人物。而柳永也是在仕途上無法順應流俗出人頭地的人，因此這也是馮夢龍其中一篇關於懷才不遇問題的小說。這類小說還有一篇值得討論，〈老門生三世報恩〉馮夢龍曾經承認這篇小說是他所寫的，這篇故事中也存在著「報」的結構。入話中，提到關於功名與年紀的問題，認為功名與年紀大小無關。韓南也假設這是馮夢龍對自己所受的挫折，幽默化之。

另外韓南認為除上面提到的篇章，在《古今小說》及《警世通言》中還各有五篇及十三篇可能為馮夢龍所做，下面簡單敘述。首先是〈張道陵七試趙升〉及〈陳希夷四辭朝命〉寫關於道家著名人物的故事。韓南指出馮夢龍擁有「三教」思想，寫道家及佛家故事是正常的。前者主要描寫張天師（34～156）〔註37〕故事，突出道教的優點；後者寫以長睡聞名的陳摶（872～989）〔註38〕故事，採取幽默尊敬的手法。〈楊八老越國奇逢〉故事中充滿了巧合和重聚的情節，這些是原文中就有的情節，富含新意的部分是對於外敵入侵的嚴肅現實的描寫。〈單符郎全州佳偶〉及〈金玉奴棒打薄情郎〉是關於愛情堅貞與背叛的故事。兩篇故事的角色結構相似，讀書人與社會地位低賤人的愛情。前篇主要描寫對於愛情的堅貞，後一篇寫社會地位引起背叛的故事。在〈金玉奴棒打薄情郎〉中，韓南提出一個道德平衡的問題，男主角對於女主角負恩到了要殺害的地步，最後卻只讓他被棒打，這樣的「報」似乎不太成功。

〔註37〕張道陵，一名張陵，字輔漢，被視為正一道的創始者，是五斗米道的創始人。道教徒稱他為張道陵天師、祖天師、正一真人。後世稱張陵為「天師」或「祖師爺」，其子張衡為「嗣師」，其孫張魯為「系師」，被尊為「三師」。張天師，現為道教門派之一的正一道龍虎宗各代傳人的稱謂。

〔註38〕陳摶，字圖南，號扶搖子、白雲先生、希夷先生，知名道教人士，常被視為神仙，尊稱為陳摶老祖、希夷祖師等。主張以睡眠，休養生息，時常一眠數日，人稱睡仙。相傳紫微斗數及無極圖說皆為其創作。

　　而在《警世通言》中，可能是馮夢龍所經手的，大多與愛情的忠貞與背叛有關。〈唐解元一笑姻緣〉寫解元唐寅（1470～1524）〔註39〕賣身當書僮，為求富貴人家婢女的跟「情」有關的故事。〈范鰍兒雙鏡重圓〉則是官家女兒與逆賊姪子相愛忠貞的故事。另外有寫年輕讀書人與妓女間的愛情故事〈杜十娘怒沉百寶箱〉及〈趙春兒重旺曹家莊〉，前篇出自宋懋澄（1569～1620）〔註40〕《負情濃傳》，寫妓女發現自己被背叛，將所積蓄珠寶沉入江中，自己也投江的故事。後篇寫妓女從良成為賢妻並感化丈夫的故事。〈王嬌鸞百年長恨〉則是對愛情不忠的故事，在馮夢龍的故事裡，對愛情不忠的都是男性，在中期小說裡女性不忠的情形是沒有的。〈鈍秀才一朝交泰〉寫的是關於時運的問題。小說主角才學極高卻不得時運，最後否極泰來，諂媚者也都現出原形。韓南指出，敘述者說明寫作此篇是為了鼓勵時運不濟的才子。

　　韓南認為，總體來說，馮夢龍的小說世界觀比起早、中期來得更為廣闊及自由。他的小說世界充滿浪漫主義色彩、傾向儒家思想、關心時事且積極活躍。這裏存在著愛國理想，不是《智囊》那種冷靜的現實主義，在私人問題上也都抱持同情心也比較寬容。小說中甚至可以一窺馮夢龍在散曲中展現出來的，不顧一切的浪漫主義。韓南也指出，在這些作品中，馮夢龍也會注意面對的是芸芸大眾，而在一些事實中作一簡單說明。

三、韓南之馮夢龍生平思想及白話小說研究析論

　　韓南對於馮夢龍生平思想及白話小說的研究主要分為以下幾點：首先是馮夢龍的生平思想及文學主張，韓南認為馮夢龍很少去談文學的性質及價值問題，他對純文學是不重視的，他重視文學的意義及實質意義。馮夢龍認為直白的感情敘述是詩的最高境界，強調用詞平易。而在小說和戲曲方面他只關心內容是否對於世道有幫助。他信奉王陽明的「良知」說，認為「情」是構成「良知」的原因之一，而內在「良知」則源於真正的「智」。韓南也藉由分析馮夢龍的作品來解釋他的文學主張。

〔註39〕唐寅，明代著名畫家、文學家。字伯虎，又字子畏，以字行，號六如居士、桃花庵主、逃禪仙史等。吳中四才子之一。唐寅作品以山水畫、人物畫聞名於世，其創作的多幅春宮圖也為他個人添加了「風流才子」的名聲。

〔註40〕宋懋澄，字幼清，號雅源。著有《珠衫》、《負情儂傳》、《海忠肅公》、《劉東山》等，今有《九籥集》傳世。

其次是馮夢龍的白話小說，韓南在此討論馮夢龍的幾部著作，分別為長篇的《平妖傳》、《新列國志》、《三教偶拈》及《皇明大儒王陽明先生出身靖亂錄》以及短篇的最為人所知的「三言」。韓南認為「三言」中共有 22 篇可以肯定為馮夢龍經手或改寫，另有 13 篇不能完全肯定但可能是馮夢龍所著。他經常使用文言文材料改編成白話故事，但卻沒用過戲劇或唱詞的材料。為檢視韓南的研究論點，下面筆者試列點討論。

（一）馮夢龍的生平思想及文學主張

韓南認為，馮夢龍不太重視文學的性質及價值問題也不重視純文學，他重視的地方在於文學的意義及實質上的價值。他強調用詞平易，認為想要影響更廣大的讀者，文風就要簡潔。他只關心小說和戲曲內容是否對於世道有幫助。他信奉王陽明的「良知」說，也曾以王陽明故事來著作，韓南提到，馮夢龍將「情」當作構成良知的內容之一，但韓南也指出，在他全部的作品來說，「情」並不是那樣重要。韓南在此討論了馮夢龍的著作，範圍包含逸事類、詩歌及笑話書、戲劇和散曲等。

為檢視韓南的研究論點，筆者首先考察學界對馮夢龍生平思想及文學主張的看法。徐志平認為，馮夢龍從小接受傳統的教育，也曾用心精研八股文，但考運不佳，始終未能得一第。他對於思想家李贄非常推崇，李贄注重自然人性的思想對馮夢龍有很大的影響，加上落第後他經常出入於青樓酒館。這種思想背景和人生經歷促使他用心的去編撰表現人性真情的通俗文學〔註41〕。

劉福元認為構成馮夢龍文學主張的要點共四樣，分別是「情」、「真」、「俗」、「教」。馮夢龍受李贄的離經叛道之影響，對於封建傳統思想產生叛逆性。他像李贄、湯顯祖等人一樣張揚「情」，他強調「天地若無情、不生一切物。一切物無情，不能環相生。」「真」與「情」為一體，他指出馮夢龍之所以推崇山歌類的時尚小曲，是因為裡面有「男女之真情」。馮夢龍也曾說「但有假詩文，無假山歌。〔註42〕」，他認為馮夢龍的觀點是，通俗小說的創作要做到生活真實和藝術真實的統一，不必盡真，也不必盡贗，關鍵在於體現真實性的情理。「俗」則體現了新思潮升騰後的一種美學追求，馮夢龍認為通俗小

〔註41〕見徐志平、黃錦珠：《明清小說》（臺北：黎明文化出版，1996 年），頁 136～147。

〔註42〕馮夢龍，《山歌》序：「……而但有假詩文，無假山歌。則以山歌不與詩文爭名，故不屑假。……」

說勝過《孝經》、《論語》。馮夢龍認為通俗化才能「感人」，而這個「人」就是指一般市民階層為主的百姓，通俗化就是為這一群人所提出。然而他的「俗」卻並未去除「文心」，沒有變成庸俗之物。「教」是以「情」、「真」、「俗」教化眾生，也就是文學作品要達到教誨廣大人民的作用〔註43〕。

王汝梅在《中國小說理論史》中提到，她認為馮夢龍的小說理論分為六點：1. 總結話本小說的經驗，提出「事贗而理真」的觀點，強調小說創作要符合生活情理，而不必拘泥於生活事實。2. 主張小說作品要通俗，為市民群眾能看得懂。3. 探討小說發展的歷史，強調「惟時所適」不能以古律今。4. 重視小說的特殊教育作用。5. 馮夢龍強調「情」的作用，提出「情為理之維」的觀點，主張以情維繫理，反對以理來規範情、扼殺情。6. 論《金瓶梅》的懲戒作用。王汝梅認為馮夢龍結合編輯和創作實踐，就小說及戲曲提出許多精闢見解〔註44〕。

綜言之，筆者認為馮夢龍文學主張韓南與中文學界雖稍有不同，但大體上還是屬於相同方向。首先韓南認為馮夢龍不重視純文學，但經中文學界考察，馮夢龍早期還是重視的，他一直有為官仕途的想法，直到老年才真的實現願望。筆者認為馮夢龍並不是不重視純文學，而是純文學對他想要藉由文學來教化大眾的理念沒有太多實質上的幫助，反而是平易近人的俗文學才能達到馮夢龍理想的境界。

再者，韓南認為馮夢龍信奉王陽明的「良知」說，中文學界則認為李贄對其影響較為深遠。筆者認為兩方面的觀點皆沒有錯，本來李贄就是受陽明學支流「泰州學派」〔註45〕的影響，若朔往之前，其實是屬於同一想法理念。本來一個人的理念有可能受兩三種以上學說的影響，筆者認為，在馮夢龍的文本上較看得出李贄觀念的影子，因此筆者認為若是以生平思想來說馮夢龍應是皆有受兩人影響，但在呈現出來的作品中卻比較偏向李贄的影響。

最後韓南認為馮夢龍將「情」當作構成良知的內容之一，但在他全部的作品中「情」並不是那樣重要。中文學界則普遍認為「情」是佔馮夢龍作品中最重要的部分。筆者認為，中文學界的看法比較能為接受，綜觀馮夢龍的作品，筆者認為「情」幾乎是他作品的核心，男女之情、家族之情等，藉由作品中的

〔註43〕見蕭欣橋、劉福元：《話本小說史》（杭州：浙江古籍，2003），頁306～349。
〔註44〕見王汝梅、張羽：《中國小說理論史》（杭州：浙江古籍，2001），頁75～80。
〔註45〕泰州學派，創始人是中國明代學者王泰州，發端於陽明學派，被稱為「左派王學」。其學說的特點是簡單易行，易於啟發市井小民、販夫走卒，極具平民色彩，故流傳甚遠。

「情」，馮夢龍將小說通俗化，使一般市井百姓也能感受、感動，進而達到馮夢龍希望藉作品教化大眾的理想。

（二）馮夢龍的白話小說研究

韓南在此討論馮夢龍的幾部白話著作，分別為《平妖傳》、《新列國志》、《三教偶拈》、《皇明大儒王陽明先生出身靖亂錄》以及「三言」。韓南認為「三言」中共有 22 篇可以肯定為馮夢龍經手或改寫，另有 13 篇不能完全肯定但可能是馮夢龍所著。下面試列點說明分析。

1. 馮夢龍之長篇白話小說集研究

韓南認為馮夢龍應是改寫《平妖傳》的一部分故事，他這麼做的原因是因為原本的著作故事不完整。韓南指出，馮夢龍大量的運用評論，尤其是以敘述者與讀者對話的形式。他認為馮夢龍最成功的是依靠文字風格的喜劇諷刺，在這類故事中也充斥者許多敘述者詼諧的議論及幽默的文字表現。

韓南在研究馮夢龍的《新列國志》時，他認為馮夢龍特別注重角色的動機和因果關係，佈局縝密，語言描寫有新意。馮夢龍所寫的故事中，激情與傳統禮的矛盾描寫相當細微，因為馮夢龍關心的是角色的行為而不是天命，這或許也是和馮夢龍擅長的寫法有關，因為他在描寫這類人時並不會改變原作中對於他們的定位，而是更為集中描寫細節，凸顯這些人物的特色。

《皇明大儒王陽明先生出身靖亂錄》及《三教偶拈》皆是與王陽明有關的故事，《三教偶拈》中收錄《皇明大儒王陽明先生出身靖亂錄》與另外兩個宗教創始人的故事。《皇明大儒王陽明先生出身靖亂錄》這本書採用了白話長篇小說的形式，特別在語言和評論技巧，但是其他方面馮夢龍仍是使用類似史書的敘述手法。韓南認為馮夢龍在《三教偶拈》這本書的主要觀點是，漢代有著理想的政教結合，但是到唐代卻因為以詩的技巧選取人才因而衰退了。這本書分別輯錄了儒、釋、道三篇小說，以體現三教合一的思想。

為檢視韓南的研究論點，筆者首先考察學界對馮夢龍長篇白話小說的看法。胡萬川提到，馮夢龍將原本的二十回《平妖傳》增訂成新的四十回本的《平妖傳》，原來的二十回本並無玄女、天書等情節，馮夢龍在增訂時才加了玄女、天書、白猿等情節，使得小說中的王則之亂，成了大宋王朝天數不可避免的一劫〔註46〕。

〔註46〕見胡萬川：《真假虛實：小說的藝術與現實》（台北：大安出版社，2005），頁107～142。

　　傅承洲指出，馮夢龍在晚年時創作了傳記小說《皇明大儒王陽明先生出身靖亂錄》收錄在《三教偶拈》中，他認為馮夢龍應在更早時就接觸到王陽明。傅承洲認為，王陽明的良知，就是是非善惡之心、孝悌惻隱之心、真誠側怛之心、忠君愛國之心。實際上是一種封建倫理的道德觀念。而馮夢龍用以醒世的思想也主要是封建倫理觀念，與王陽明不同的是馮夢龍更強調文學的情感作用，而他們所宣揚的基本思想卻沒什麼不同。

　　他又指出，馮夢龍在做《新列國志》時與一般做史書不同，首先他在史實上有所取捨，其次是細節描寫方面有所增加。然而這樣的寫法卻也無疑影響了該書的文學價值。他認為像馮夢龍這樣改寫歷史題材的文學作品，表現出他對歷史題材文學創作的基本看法，馮夢龍要求寫歷史題材的作家要有廣博的歷史知識，乃至對要寫的歷史有深入的研究，且要恪守史實，不能任意虛構和創造，只能在既有的歷史基礎上對人物和事件有所取捨。但這樣的看法具有兩面性，傅承洲認為要求要有廣博歷史是對的，但是不能任意虛構和創造就有些過於拘泥、保守和苛刻。傅承洲還提到《平妖傳》取材自北宋貝州王則、永兒夫婦起義的歷史故事，但馮夢龍補得極為虛幻怪誕〔註47〕。

　　魯迅在《中國小說史略》中將《平妖傳》歸為「元明傳來之講史」，但又強調其神魔色彩。李靈年對魯迅的看法做了強化，他認為原本的《平妖傳》神魔色彩就相當濃厚，而馮夢龍又廣采神話傳說，終於使歷史故事退居次位，而神魔妖怪活動成為故事主體。

　　綜言之，關於韓南與中文學界對馮夢龍的長篇白話小說的看法大致上是相同的，馮夢龍雖然以白話短篇小說集見長，但在長篇白話小說中也是體現了他的文學觀點。他所著作的作品每本都各有特色，但一樣的是文字都平易近人，也都習慣在內容上說教。

2. 馮夢龍之「三言」研究

　　韓南認為，根據「風格判準」及文本證據證明「三言」中約有四十篇是屬於早、中期的白話小說。而這四十篇小說中有十二篇是將現存的原有本子做修改的，透過與原本對比，可以看出馮夢龍在修改材料時並不是只有一種固定的原則。而其中改動較大的有四篇，第一篇〈月明和尚度柳翠〉源自元劇同名劇本，馮夢龍取原文導入部分並補充結尾，第二篇〈明悟禪師趕五戒〉源自《五戒禪師私紅蓮記》，馮夢龍在入話中加入高僧入化的故事，及正話

〔註47〕見傅承洲：《明清文人話本研究》（北京：人民文學，2009），頁 102～195。

中佛印及蘇軾的生活歷練細微描寫。第三篇〈喬彥傑一妾破家〉源自《錯認屍》，馮夢龍增加了主角的鬼魂對敲詐者的報復。第四篇〈閒雲庵阮三冤債〉源自《戒指兒記》，馮夢龍對原文事先警告的文字全不採用，韓南指出應是馮夢龍察覺原文小說中傳奇小說與愚行小說的類型產生混淆，因此做了改動。

韓南指出，馮夢龍曾承認〈老門生三世報恩〉是出自他自己的手筆，另外也暗示關於柳永的下流故事〈眾名姬春風弔柳七〉也是他寫的，除此之外韓南認為應該還有更多是出自馮夢龍之手或經由他改寫的。他認為「三言」中共有二十二篇（《古今小說》中的 19 篇及《警世通言》的 3 篇）可以肯定為馮夢龍經手或改寫，另有十三篇（皆出自《警世通言》）不能完全肯定，但可能是出自馮夢龍。馮夢龍經常在一篇或數篇文言文作品材料上加以改編成一篇故事，然而他卻不曾用過戲劇或唱詞的材料。韓南在這裡分析了確定出自馮夢龍之手的二十二篇故事及可能出自他手的十三篇中的六篇故事。

韓南認為，馮夢龍的小說世界觀比起早、中期來得更為廣闊及自由。他的小說世界充滿浪漫主義色彩、傾向儒家思想、關心時事且積極活躍。他的作品裡存在著愛國理想，不是冷靜的現實主義，在私人問題上也都抱持同情心也比較寬容。小說中甚至可以一窺馮夢龍在散曲中展現出來的，不顧一切的浪漫主義。韓南也指出，在這些作品中，馮夢龍也會注意面對的是芸芸大眾，而在一些事實中作一簡單說明。

為檢視韓南的研究論點，筆者首先考察學界對馮夢龍「三言」的看法。夏志清指出「三言」中的故事，幾乎無例外的都是根據宋元明的話本，而且都保存了說書的常套。他認為這些故事在輯印成書時，恐怕很少是經過仔細編排的，因為故事的好壞非常不一致。夏志清也認為，在「三言」的許多故事中我們可以察覺作者對自我和社會的感情分割，一方面對隱藏個人心中的自我完成的理想，另一方面是公眾所支持的道德與世俗的幸福，作者以因果報應的理論來予以解釋〔註48〕。

馬幼垣認為「三言」沿用舊製者有之，馮夢龍親筆著述恐怕不多，要確實分辨並非簡單的事，因此他認為我們可以說「三言」代表馮夢龍的好惡和取捨標準，但是卻不能說這些故事集整體性的反應他的思想。馬幼垣指出最明顯之

〔註48〕見夏志清：《中國古典小說》（台北：聯合文學，2016），序。

處就是「三言」中有不少迷信的成分，卻沒有大力鼓吹勘輿〔註49〕。然而在馮夢龍另一本著作《壽寧待誌》裡卻大肆推崇勘輿〔註50〕。

徐志平認為馮夢龍對中國白話短篇小說的首要貢獻，就是大量收集前代和當代的話本小說並加以整理，再來他認為馮夢龍對於舊作做了不同程度的改寫，往往是點鐵成金，如〈眾名姬春風弔柳七〉經由馮夢龍改寫，無論思想深度或是藝術水準都遠遠高於原作。徐志平僅就「三言」中確定為明代的小說，依思想內容的類型來加以分類說明。首先是由婚姻愛情故事，凡應婦女對婚姻自主、人性尊嚴的嚮往和追求。這些作品無疑是受到明代啟蒙思想的影響，強調人的主體性，尤其是歷來婦女地位備受輕蔑，獲得小說作者強烈的同情。

其次是由世態人情的故事，反應城市居民的商業生活和道德理想。由於商業的快速發展，人們所面對的衝突利益逐漸頻繁及巨大，於是某些傳統的道德觀念被提出、強調，期望作為商業往來中的形式依據和規範。最後是由官場或官府斷案的故事，反應人們對權奸的痛恨和對清官能吏的渴望。當時整個社會瀰漫著追逐財富的風氣，當官的在任時無不侵漁百姓，獲取暴利，罷官鄉居的仕紳則利用過去在官場的勢力，在地方上或關說人情、或放債生息。

他認為「三言」在小說的寫作藝術上有很多的創新及發展。首先馮夢龍拓展了新的題材，使商人和市井小民躍上文學作品的舞台，他們的生活和想法成為小說的主要內容；其次在人物性格的刻劃方面，特別注重內心世界的描寫，使小說人物深刻化、立體化；另外在故事的曲折動人、細節的巧妙處理、語言的洗練流暢等方面，也都表現得可圈可點，為後來的創作者提供最好的借鏡〔註51〕。

劉福元認為「三言」具有不可低估的思想價值，但其侷限也是相當明顯的。他指出「三言」中不乏將仁義一類的儒家經典用過的詞彙注入新的內涵，但更多的是市民階層的思想觀念困於封建禮教和倫理道德。他提到馮夢龍在小說中讓人物體現對新的道德標準的信仰，卻又按傳統封建思想去解釋他們的積善及善有善報的因果報應。婦女的貞節觀在「三言」某些作品中被沖淡，

〔註49〕 指風水，為五術之一的相術中的相地之術，即臨場校察地理的方法，叫地相，古代稱勘輿術，目的是用來選擇宮殿、村落選址、墓地建設等方法及原則。
〔註50〕 見馬幼垣：《實事與構想：中國小說史論釋》（台北：經聯出版社，2007），頁131～160。
〔註51〕 見徐志平、黃錦珠：《明清小說》（台北：黎明文化出版社，1997）。

卻又在某些作品中吹捧起來。馮夢龍肯定情慾卻又宣揚戒淫，這也是「三言」中呈現的其中一種矛盾現象〔註52〕。

傅承洲指出馮夢龍在編著「三言」時最主要是恢復話本的入話、豐富故事內容增強可讀性、採用通俗易懂的白話敘事故事。他認為「因果報應」滲透在「三言」的小說中，已經不單是小說的思想問題而是深刻地影響了小說的藝術特徵。主要因果報應體現在五種題材上：分別是歌頌友情、描寫婚戀、怒斥霸行、宣揚佛教戒殺生及藉因果報應的形式來評價歷史人物。而馮夢龍在「因果報應」的觀念上也是採取較進步的觀念〔註53〕。

胡萬川認為，馮夢龍由聽眾當場感受到說話感動的情況，看到了實行教化的有效媒介。不論當初話本故事是否有教化的意思，馮夢龍在編輯成話本小說時都把他們移往說教的方向。然而從小說的序言、批語來看，馮夢龍也深知不論寫得多真實，小說都只是一種虛擬、一種選項反映真實的虛擬，能讓讀者置身其中卻又並非真實發生，而也正是因為如此他在寫作小說時，便提升了作品的可讀性，讓讀者在閱讀時能見證世情，得到啟示和教化〔註54〕。

繆咏禾認為「三言」的思想內容主要有四點：1. 婦女爭取人權的呼聲。2. 對封建官吏的抑揚。3. 信義和任俠精神的謳歌。4. 瑰奇譎麗的想像。他認為充斥在「三言」中的藝術特色也值得注意，首先是曲折動人的故事情節，「三言」編織故事的卓越技巧、擅用小細節、富有戲劇性。其次是豐滿生動的人物形象，許多主要人物的性格在故事發展中表現得相當鮮明、突出、具有特色及典型性。最後是以現實主義為基礎的創作方法，既符合現實生活的實情卻又不是現實生活的單純紀錄〔註55〕。

綜言之，筆者認為關於馮夢龍「三言」的研究，韓南的說法較為被接受。首先韓南並不是以「三言」全本來作為研究馮夢龍的文學思想的依據，而是先確認真正屬於馮夢龍所著作的作品再下去分析，如同馬幼垣說的，「三言」沿用舊製者有之，馮夢龍親筆著述恐怕不多，因此我們可以說「三言」代表馮夢龍的好惡和取捨標準，但是卻不能說這些故事集就是完整的反應他的思想。

〔註52〕見蕭欣橋、劉福元：《話本小說史》（杭州：浙江古籍，2003），頁306～339。
〔註53〕見傅承洲：《明清文人話本研究》（北京：人民文學，2009）。
〔註54〕見胡萬川：《真假虛實：小說的藝術與現實》（台北：大安出版社，2005），頁327～346。
〔註55〕見繆咏禾：《馮夢龍和三言》（台北：萬卷樓，1993）。

　　中文學界對於馮夢龍的白話短篇小說的文學思想，幾乎無不例外地認為當中存在著許多的矛盾之處。筆者認為，這也許就是因為中文學界普遍將「三言」中的所有小說情節、結構當作馮夢龍的個人著作所致。在探討源本時，我們就了解，「三言」並非一人一事所創作，而是馮夢龍收集許多話本、戲劇、口頭傳說而編寫而成的，這樣的故事集應該無法代表馮夢龍的文學思想。反觀韓南是先確定出自馮夢龍之手的作品才下去分析作品中的內涵，這樣的研究方法筆者認為才是具有可信度。當然不是說韓南的分析就一定是完全正確，只是在現有證據下，韓南的研究方法值得中文學界借鏡。

第二節　韓南之席浪仙與凌濛初之白話小說研究析論

　　席浪仙，生卒年不詳，號天然癡叟。與馮夢龍交往密切，交情深厚。著有《石點頭》一書。關於他的生平資訊相當少，但從著作風格來看，韓南認為他應是《醒世恆言》的其中一個撰寫者。

　　凌濛初是繼馮夢龍之後，另一位流傳歷史的白話小說作者。他也是明代文學家、小說家和雕版印書家。其著作《初刻拍案驚奇》和《二刻拍案驚奇》與同時期文學家馮夢龍所著的《喻世明言》、《警世通言》、《醒世恆言》合稱「三言二拍」，是中國古典短篇小說的代表。凌濛初的文學成就多在他所作短篇小說，雖大多數取材自《太平廣記》及《夷堅志》等書籍，但是他的改編、創造能力，將其賦予了全新的生命。往往在原書中不過數十字，了無意趣，經過凌濛初的改寫，則成為文情並茂的數千字。

　　「二拍」一共收話本小說七十八篇。其中絕大部分是他「取古今來雜碎事，可新聽睹、佐談諧者、演而暢之」的創作，同時寓有勸懲之意。小說取材十分廣泛，有相當數量的作品描寫了明代市民階層的生活和他們的思想意識，還有許多作品揭露了封建社會官場的腐敗、黑暗，比較深刻地反映了明代晚期的社會現實，具有一定的積極意義。凌濛初也是中國創作擬話本小說最多的一個作家。

　　除了「二拍」外他還著有雜劇《虯髯翁》、《顛倒姻緣》、《北紅拂》等十三種劇本，傳奇三本，《詩經人物考》、《左傳合鯖》、《戰國策概》等經學和史學著作。文藝評論著作有《西廂記五本解證》、《南音之籟》、《燕築謳》等，還有《國門集》、《東坡禪喜集》、《合評選詩》、《陶韋合集》、等其他著作。另外他

還是著名雕版印書家，所刻書有雙色、多色套印等，其作品有《西廂記》、《虯髯客傳》、《東坡書傳》等二十多種。

　　韓南透過生平及思想及其作品內容來瞭解席浪仙及凌濛初在中國白話文學史中的定位及其成就，以期了解白話文學史的歷史沿革。

一、韓南之席浪仙白話小說研究

　　韓南認為馮夢龍所編的小說集中《醒世恆言》與前面兩本不同，是有原因的。因為這本是由另一位執筆人所寫的。在《醒世恆言》的四十篇故事中只有七篇〔註56〕是改編中、早期就已經存在的故事，其他三十三篇中至少有二十二篇是新的執筆人所寫。韓南指出，在《醒世恆言》中曾出現過兩個署名，一是注釋者及寫序的人「可一居士」，另一署名是校點者「墨浪主人」。韓南認為墨浪主人可能就是執筆者。在研究這位不知名作者的風格時，韓南推測這位執筆者可能也是《石點頭》的作者〔註57〕，且他與馮夢龍關係密切。馮夢龍曾為《石點頭》點評寫序，在馮夢龍《新列國志》中也有另一人「髯翁」〔註58〕與馮夢龍共同評論。「髯翁」與馮夢龍評論的觀點不同，前者較後者更為正統嚴肅，有時雙方採取辯論的態度。而韓南根據各方面的材料及文學風格，他認為「墨浪主人」、「髯翁」、「浪仙」都是同一人。他也指出，此人應是在 1627 年開始就與馮夢龍密切合作數年。

　　韓南認為，雖然馮夢龍與席浪仙是合作者也是好朋友，但兩人在其作品的世界及人物形象卻是截然不同。馮夢龍的小說非常關心社會、公眾事務及愛國的道德觀，他認為科舉只是建立功名的一個機會，他筆下多描寫精練的領袖和文治武功的英雄行為。但席浪仙的小說卻不談這些，在他的小說裡科舉制度就是人生的最終目的，社會完善的標誌。席浪仙甚至在小說中曾質疑胸懷壯志、理想視野高於為官的人的心態是否正當。馮夢龍筆下有許多正面形象的官員，而席浪仙似乎是從社會下層階級來描寫，所以他筆下的官員大多專橫跋扈。韓南提到，席浪仙在小說中做得最好的幾篇都是在提倡道家精神的，強調遠離公務，甚至遠離社會，脫離凡俗的大自然生活。

〔註56〕這七篇分別是〈蘇小妹三難新郎〉、〈佛印師四調琴娘〉、〈勘皮靴單證二郎神〉、〈鬧樊樓多情周勝仙〉、〈張淑兒巧智脫楊生〉、〈鄭節使立功神臂弓〉及〈十五貫戲言成巧禍〉。另外〈大樹坡義虎送親〉可能也是原有材料，只是名稱更改。

〔註57〕作者署名「天然癡叟」，馮夢龍在序中稱他為「浪仙」。

〔註58〕有時稱為「髯仙」，韓南認為應與席浪仙是同一人。

　　席浪仙的小說比起前人更加凸顯道家精神世界，在《醒世恆言》中有四篇是關於得道成仙的故事，分別是〈灌園叟晚逢仙女〉、〈薛錄事魚服證仙〉、〈杜子春三入長安〉及〈李道人獨步雲門〉。席浪仙崇尚的是詩人、藝術家的道，是感情上的道家。如〈灌園叟晚逢仙女〉中的主角愛花愛的非常真摯，是非常重感情的人。在小說中對於花園及花的描述相當生動，不只使用散文，還有四六駢文、詩等。花園是全篇小說的中心，當花園被蹂躪時，象徵的是外在世俗社會對於爛漫天真、田園意趣的侵犯。〈盧太學詩酒傲公侯〉裡的花園也是文章中心。這裏的花園描寫得更為精緻可愛，且故事內容本來就和一年一度的賞花有關。

　　在《石點頭》中，沒有那麼強調得道成仙的故事，然而在其他篇對於花的喜好也有一定程度。〈莽書生強圖鴛侶〉寫揚州的瓊花，〈王孺人離合團魚夢〉描寫海棠花，〈唐明皇恩賜纊衣綠〉寫了關於各種牡丹花的歷史傳說。韓南也指出席浪仙對於其他有生命物體也關心，〈小水灣天狐詒書〉寫對於被人奪書的狐的關心及同情，〈薛錄事魚服證仙〉也有寫愛魚的故事。也表現了道家主題的喜劇性，席浪仙也表顯出對待道家幻想故事的一種態度。

　　韓南認為席浪仙雖然不同於馮夢龍以公眾道德為主題，但他也不是否定一般的儒家道德，在這方面他比之前的作家甚至馮夢龍更為傳統。在此之前的白話小說也強調道德，但卻沒有一篇寫儒家主要的倫理道德「孝」的。席浪仙的小說卻使人走向儒家道德的世界。〈李玉英獄中訟冤〉及〈蔡瑞虹忍辱報仇〉是寫孝女的故事。後篇的孝女甚至為報父母之仇委身嫁賊，且多次嫁人或受人姦淫，報仇後立刻自殺。另外在《石點頭》中也有描寫孝道，〈王本立天涯求父〉寫孝子尋父，〈江都市孝婦屠身〉寫兒媳為求婆婆活命不惜賣自己的肉。席浪仙的儒家道德職責似乎還擴大到僕役身上。〈徐老僕義憤成家〉寫一僕役用自身的才能幫助主人發財致富，但自己卻一貧如洗。

　　韓南提到，席浪仙的小說中對於婦女忠節相當重視，他的這些小說主角都負有公認的道德標準，都忠於某種超過自身職責的社會規範職責。承擔責任的通常是在道德階級處下位的人，如婦女、子女、僕役等，席浪仙似乎也感覺到這樣的思想對馮夢龍所代表的道德思潮互相抵觸，因此會在小說中加入一些抨擊儒家道德的言辭。但韓南卻認為，這樣的作法不僅沒有打壓儒家道德，反而起了歌頌作用。而在人性善惡是先天的還是後天造成的，他的觀點基本上是與馮夢龍相同的。在此韓南也提出，作家對於人性的看法必定會表現在他的作品中。

　　席浪仙對於儒家教育也有其看法，他認為道德是獨立於一切教育之外的。他筆下的壞蛋是天生的壞人，跟教育無關。如〈瞿風奴情愆死蓋〉寫一個出生於道德敗壞家庭的純潔姑娘。〈張廷秀逃生救父〉寫一善一惡的嫡親姊妹等。而在席浪仙的小說裡常會出現善與惡的衝突場景。在他的小說中，好人往往都是天真、不精明，壞人都是貪婪殘酷、世俗、工於心計的，有時會演變成天真與世俗之間的鬥爭，而他對於自身高貴天真的主人公以外的世界，都會採取鄙視的態度。

　　而在席浪仙的愛情小說中，也是採取這樣高潔的態度。主人公往往不是為了追求自私、謹慎的愛情，而是理想化、道德化的毫不在乎一切的忘我的愛情。韓南提到，他的愛情小說往往都有超自然的力量參與其中。〈瞿風奴情愆死蓋〉中描寫母親為鞏固自己與奸夫的關係，讓自己的女兒與其成婚，但純潔的女兒卻對其夫忠貞不渝。另外有幾篇愛情小說〈莽書生強圖鴛侶〉寫秘密的愛戀、私奔。〈玉簫女再世玉環緣〉是一篇女方被拋棄後，仍然愛著男方，死後投胎成為他的妾。〈唐明皇恩賜纊衣緣〉寫失寵宮人向上天祈禱得願。〈潘文子契合鴛鴦塚〉則是同性相戀故事，最後因超自然力量得到光榮結果。

　　席浪仙的另外一個特點，便是注重角色內心的描寫。韓南指出，除《金瓶梅》〔註59〕外席浪仙是白話小說作者關注這方面的第一人。在他的小說裡把夢、夢魘、如夢的幻覺等解釋為緊張思念的產物，也是心理狀態的描寫。如〈唐明皇恩賜纊衣緣〉中宮人夢見被皇帝寵幸並受到楊貴妃迫害、〈吳衙內鄰舟赴約〉中女主角夢見與意中人在船上幽會而他被父親發現丟下船、〈獨孤生歸途鬧夢〉裡主角夫妻分隔兩地卻同做一夢。夢魘存在的原因不僅為心理狀態的描寫，也是席浪仙作品的主題之一。〈薛錄事魚服證仙〉是席浪仙小說中將夢幻感描寫最好的一篇，他把夢形成的原因歸咎於及其思念。並在小說裡將薛錄事在夢中靈魂變魚以後的過程描寫得活靈活現、似幻似真，是極其優秀的夢魘式喜劇。

　　〈李道人獨步雲門〉及〈杜子春三入長安〉中都有描寫到長時間的幻覺經驗，韓南認為可能是席浪仙被這類題材所吸引。〈小水灣天狐詒書〉寫狐幻化成人，在席浪仙的小說中，變形是為幻覺，幻覺則是為夢魘。韓南也提到，席

〔註59〕《金瓶梅》，又名《金瓶梅詞話》，中國明代小說，四大奇書之一，中國史上第一部文人獨立創作的長篇白話世情章回小說，作者署為蘭陵笑笑生。由於詳細描述了古代市井平民的生活和社會現實，歷來研究的學說不少，通稱金瓶梅學。

浪仙在小說中的夢魘，不一定是由夢或幻覺產生的，有時是由於突發事件所產生的。席浪仙筆下的主角往往都是善良天真的，而被陷害或迫害時，無助感因而產生夢魘，這也是席浪仙小說的其中一個特色。

席浪仙小說中的另一個特色是他所描寫的社會階層，這使他不同於前人。在席浪仙以前的小說，寫的都是城鎮中的事，對於農民生活中的種種苦難都沒有談到。但席浪仙的小說卻描寫了社會低層農民及農村的種種現象。他所描寫的農村不僅是故事的發生點更是人們謀生的地方，在〈王本立天涯求父〉中，讓讀者印象深刻的除了孝子尋父外，父親當年離家的原因也令人不勝唏噓。在故事中對京城附近徵收糧稅的制度做了極詳細的描寫，正是因為這樣不合理的制度，使得主角父親受不了而拋家棄子、遠走他鄉。〈張廷秀逃生救父〉中張家也是因為糧稅問題，從富貴人家變成窮人。〈施潤澤灘闕遇友〉則詳細描述蠶農的生產活動，從育種、養蠶、買桑葉到有關的種迷信禁忌等，是在《春蠶》〔註60〕以前唯一一篇關於蠶農的小說。〈一文錢小隙造奇冤〉中則是中國第一篇寫景德鎮瓷器〔註61〕工人的小說。他還有一些小說寫了有關水災、旱災、蟲害等問題。

席浪仙的小說表現形式與馮夢龍大致相同，但在入話部分往往會討論前生命定、成功失敗、如何對抗誘惑等較為長篇幅的議題。韓南指出，在入話中，席浪仙往往採取「這故事已經夠怪了，但還有更怪的」從而引出正話故事。在故事結構中也比較簡單，沒有過多的巧合。席浪仙喜愛讓敘述者與讀者對話，也喜歡用概括式說明。他的故事有富含明顯的道德寓意，卻很少讓敘述者直接說教。他也常用民歌來反映當時流行的見解，用散文來寫景，他的語言比馮夢龍來得更為鋪展，細節也較為多。

韓南提到，席浪仙故事的原本現在都還尚存，範圍從唐代的文言小說一直到明代的說唱材料。席浪仙的小說主題強調的似乎是雙方面的，一是承襲白話小說的慣例，以道德說教為主；另一方面，則是他所關注的社會問題。〈王本立天涯求父〉就是一例，小說中所反映的糧稅是他所關心的社會議題，但文章

〔註60〕 茅盾著。茅盾（1896年～1981），原名沈德鴻，字雁冰。中國現代作家及文學評論家。著有《春蠶》、《秋收》、《殘冬》合稱「農村三部曲」及《林家鋪子》等。

〔註61〕 景德鎮陶瓷器的歷史久遠，古今中外的影響都非常大。中國及各地大量出土的景德鎮陶瓷文物以及收藏界對景德鎮瓷器產品的拍賣，印證出景德鎮瓷器巨大的歷史價值。

的主題卻是孝道。韓南認為這說明，席浪仙和當時其他白話小說作者一樣，受到公認白話小說的觀念限制，認為小說一定要新奇，還要具備一種道德意義，顯現出各種「報」的原則。

韓南認為，席浪仙的小說類型主要分為四類，分別是（一）寫道德模範人物、（二）寫道家思想、得道成仙人物、（三）寫愛情故事、（四）人性貪婪、好色殘酷與愚行小說類似的主題。下面做一簡單說明：

（一）道德模範人物

在這類別《醒世恆言》中寫得最好的三篇是〈李玉英獄中訟冤〉、〈徐老僕義憤成家〉及〈蔡瑞虹忍辱報仇〉，雖然主題簡單又把反面人物寫成奇才，但很接近現實。另外〈劉小官雌雄兄弟〉、〈張孝基陳留認舅〉及〈施潤澤灘闕遇友〉的價值在於他所描寫的農村背景，道德教育部分倒是稍嫌不足。韓南指出，有趣的是〈施潤澤灘闕遇友〉這篇故事後來的凌濛初也有改寫，但席浪仙是用此來說明善行可以改變命運，凌濛初則是用來說明命定之事不可改變。

在《石點頭》中寫得最好的則是〈王本立天涯求父〉，雖然韓南認為跟席浪仙其他小說一樣寫得太詳細，以至於有些多餘的廢話。但是在角色間的思想感情場景，他卻用很細緻的筆法描寫，真實的呈現故事生活在讀者的面前。另外還有〈江都市孝婦屠身〉，寫一媳婦為了讓丈夫回家侍奉婆婆，不惜賣了自身的肉給屠夫。後來的人無法理解為什麼會將姻親婆婆放在那麼高的地位，因此後來許多印行的本子都將此篇刪去了。但韓南認為，這其實也只是其中一個為孝道犧牲自我的故事而已，只是犧牲的極端程度、敘述的更為可怕而已。

（二）道家思想、得道成仙

席浪仙關於此類的故事都在《醒世恆言》中，寫得最好的是〈灌園叟晚逢仙女〉、〈盧太學詩酒傲公侯〉和〈薛錄事魚服證仙〉，而〈杜子春三入長安〉及〈李道人獨步雲門〉則缺少了創作性。〈灌園叟晚逢仙女〉和〈盧太學詩酒傲公侯〉都表現了席浪仙的兩個世界，花園的天真浪漫及現實世界的腐敗。〈薛錄事魚服證仙〉則突出席浪仙小說中的夢魘感。席浪仙對得道成仙的人都是喜愛的，這些得道的人都是正面積極的，然而韓南也指出，席浪仙對於和尚、尼姑、僧侶是厭惡的，他有幾篇小說中的僧侶尼姑都是邪惡的，而他對道士也是相當苛刻。

（三）愛情故事

在《醒世恆言》中有〈喬太守亂點鴛鴦譜〉及〈吳衙內鄰舟赴約〉兩篇，這兩篇都是寫男女私通、喜劇性的計謀，也都有女方以死相逼威脅父母同意婚事的情節。小說中的愛情都是理想的、喜劇的，與傳統喜劇不同的是，男女主角表現出來的都不是多愁善感的才子佳人，而是普通百姓。

《石點頭》中最值得注意的是〈潘文子契合鴛鴦塚〉，在中國文言小說中這樣的同性戀題材不少〔註62〕，但是在白話小說中這卻是第一篇。小說中首先對同性戀的違反自然跟可笑說起，並列舉各地對此事的稱謂。從入話到正話那段，作者說明自己本想寫一浪漫故事，卻成了笑話。而在最後，敘述者有明白的譴責之詞，卻隨即轉移話題，韓南認為，應是作者對儒家雖予以尊重，但實際上卻是注重在故事的浪漫與幽默。故事的中心在於王仲先對於潘文子的引誘，這段席浪仙寫的極盡精巧。而故事也提到了潘文子承認同性戀的情比夫妻之間的愛更深，後來的同性戀故事也都按照此套路來寫。

（四）人性貪婪、好色殘酷

韓南認為〈陸五漢硬留合色鞋〉及〈一文錢小隙造奇冤〉表現出席浪仙對於人性貪婪、好色、殘酷的觀念，也表現出他的現實主義。韓南也指出，這種在人性束縛面前的無助感深深的打動了讀者，他也認為席浪仙與自然主義文學〔註63〕的左拉（1840～1902）〔註64〕是相似的。從故事結構來說，〈一文錢小隙造奇冤〉是借鑑於《古今小說》的〈沈小官一鳥害七命〉，但是在細節的描寫卻讓改寫的層級勝過原本小說的。而在入話與正話故事的對比，也是採用席浪仙最常使用的對比特色，入話寫清虛的神仙世界，正話則是世俗的凡間，典型的兩個世界的對比。

韓南最後談到《醒世恆言》其他的小說。〈兩縣令競義婚孤女〉在後母虐待繼子繼女的情節上和〈李玉英獄中訟冤〉相似，〈錢秀才錯占鳳凰儔〉則是

〔註62〕馮夢龍就寫過一篇〈情外類〉在《情史類略》，另外還有一整本書都是這類題材的《弁而釵》。

〔註63〕自然主義文學作為西方文學的一個流派產生於19世紀下半葉的法國。自然主義文學特色是忽略典型人物的創造，只追求人物的氣質特點和精神心理、淡化情節，不追求戲劇性的曲折變化，追求「沒有波折」的境界，只向讀者提供生活的記錄。

〔註64〕Émile Zola，19世紀法國最重要的作家之一，自然主義文學的代表人物，亦是法國自由主義政治運動的重要角色。著有《盧貢-馬卡爾家族》等書。

浪漫喜劇，〈馬當神風送滕王閣〉是神仙故事，這三篇可能是席浪仙所做。〈三孝廉讓產立高名〉韓南則推測是馮夢龍所做。〈金海陵縱慾亡身〉內容風格淫穢，和席浪仙、馮夢龍的風格都不一樣。〈隋煬帝逸游召譴〉韓南指出至少有四篇與此相同的文言小說，應是席浪仙改寫成的。〈白玉娘忍苦成夫〉可能是馮夢龍或他的合作者所寫。另外韓南提到寫的最好的是〈賣油郎獨占花魁〉及〈陳多壽生死夫妻〉。〈賣油郎獨占花魁〉最妙的地方是描寫女主角內心的思想變化，而〈陳多壽生死夫妻〉則是英雄主義的小說，韓南認為，這篇小說與其他英雄主義不同的地方有二，一是這對男女主角沒有結婚，只是訂婚。二是男方自知病情十分重，要求與女方解除婚約。但女方仍堅持做出自我犧牲，更顯示出道德和意志的力量。

二、韓南之凌濛初白話小說研究

韓南提到，凌濛初的生平跟馮夢龍很像，兩人一樣從事編撰工作，也都以戲劇家和劇評家聞名，而且在許多議題上也都有意見。兩人的作品也有許多地方相似，這也可能是互相影響的關係。凌濛初自己也承認他第一本小說就是受了馮夢龍的影響。凌濛初還認識其他當代著名文人，如馮夢楨（1548～1595）〔註65〕、湯顯祖、朱國楨（1557～1632）〔註66〕等。

凌濛初的家庭比馮夢龍的有名，因為他的父親凌迪知（1529～1600）〔註67〕從事編撰工作以養餘年，他的叔叔也是長期在家從事編撰，他父叔的書都是自己出版的，所以凌濛初就是在這樣編撰出版的環境中成長的。韓南指出，雖然凌濛初很有才幹，但是他經過四次科考都未能上榜。韓南認為凌濛初在《二刻拍案驚奇》中提到「……丁卯之秋，事附膚落毛，失諸正鵠，遲迴白門，偶戲取古今所聞一二奇局可紀者，演而成說，聊舒胸中磊塊。……」正是間接解釋了他考場失意的狀況。

凌濛初除了有創作的文學作品外，受家族影響還有大量的編撰出版書籍，在當時最有名的分別是閔氏跟凌氏的二色或多色套印本〔註68〕，而凌濛初就

〔註65〕馮夢楨，字開之，號白水先生。明代文人，撰有《寶生傳》、《快雪堂漫記》。
〔註66〕朱國楨，字文寧，號平極，齋號虯庵、涌幢亭。明朝內閣首輔。著有《明史概》、《大政記》、《皇明紀傳》、《平涵詩文鈔》等。
〔註67〕凌迪知，字稚哲。是明代著名雕版印書及文學家。
〔註68〕閔氏與凌氏先後印行了朱墨、三色、四色直至五色套版印刷書籍，由於閔、凌兩家套版印刷書數量的不斷增多，技術成熟且獨具特色，形式新穎，工藝精美，遐邇聞名，後人稱其為「閔刻本」、「凌刻本」，或合稱「閔凌刻本」。

是其中之一。韓南提到，由凌濛初署名的印刷本包括一些著名詩人的集子及
《世說新語》的篇章等。其中凌濛初還在這裡做了點評，他採白話小說中常見
的點評方式。而他也曾出版過一些黑白二色的本子。

　　韓南提到，凌濛初創作的作品類型包括古詩古文、南戲、北戲、散曲、白
話小說等。現在古文古詩都已經不存，而北戲凌濛初至少寫了八部，但現存只
剩三部。現存的三部北戲都是以唐代傳奇《虬髯客傳》為基礎改編的，一篇以
虬髯客為中心，另外兩部則以紅拂女為中心。韓南認為，凌濛初在北戲中處理
英雄主義時帶有一些喜劇性的味道。另外凌濛初還寫過一個關於禰衡（173～
198）〔註69〕的劇本《禰正平》，現已失傳，凌濛初寫的禰衡是帶有喜劇色彩
的、是諷刺的、幽默的而不是易怒的。而凌濛初的南戲都是傳奇故事。

　　凌濛初的小說作品則有七十八篇《初刻拍案驚奇》四十篇，《二刻拍案驚
奇》則有三十八篇。凌濛初曾在《二刻拍案驚奇》中提到「同儕過從者索閱一
篇竟，必拍案曰：「奇哉所聞乎！」為書賈所偵，因以梓傳請。」因此將小說
集命為《拍案驚奇》，也因為書籍行銷非常好，才有第二本《二刻拍案驚奇》。

　　韓南指出，凌濛初在《初刻拍案驚奇》中也肯定了白話小說，凌濛初認為，
世人皆以為只有耳目之外的才是奇事，其實不然，宋元時的小說就是一例。凌
濛初也批評當代的小說較為淫蔑猥褻，因此他主張禁止這些東西。只有馮夢龍
的「三言」不在他所批評之列，他認為這一作品「頗存雅道」。韓南也提到，
也是因為當時「三言」出版的盛行，才讓書商來要求凌濛初編書。而凌濛初對
於元話本的寫作也是和馮夢龍及席浪仙一樣，對文言小說的細緻改寫而成。韓
南認為，1627 年，凌濛初與馮夢龍可能在南京參加科舉考試時有碰過面，而
馮夢龍可能就是對凌濛初小說集「拍案稱奇」的朋友們之一。

　　韓南認為，凌濛初在編寫小說時是以馮夢龍為榜樣的，而且是以馮夢龍作
為一個對白話小說價值思慮甚深甚遠的一個人來當作範本的。而且他也是一
個用極端理論來評價南戲的批評家，在《南音三籟》中，他用《莊子・齊物論》
的說法，將聲音來源分為天籟、地籟及人籟，也將這應用在他評斷戲曲價值的
三個等級。

〔註69〕禰衡，字正平，東漢末年文學家。頗有才氣，但性情狷狹、不能容物。與孔融
　　　　交好，被孔融推薦去投效曹操。後因羞辱曹操，被曹操遣送去劉表處。後又因
　　　　對劉表口出惡言，被劉表遣送到黃祖處。黃祖性情急躁，加之禰衡在宴席上言
　　　　行失態，遂將禰衡絞殺。

另外，在凌濛初的《談曲雜札》中也說明了他的理論原則。他對戲劇做了系統性的重新評估，書中一開始概括了整個戲劇史，然後評價了歷來的戲劇跟劇作家。他認為早期的戲曲是不經雕琢天然的「本色」，然而在復古派七子〔註70〕盛行時，崇尚華麗文字，因此出現許多使用華麗辭藻充塞且使用大量僻詞隱語的作品，凌濛初認為完全掩蓋了戲曲的真實性。

凌濛初使用「本色」及「當行」兩個詞來表示早期南戲的真實特點，他認為早期的戲曲是作為在宮廷演出也會為普通百姓演出，所以不能過於深奧，但後來的劇作家都拋棄「本色」，要求大眾要能懂艱深的知識，是非常荒謬的。但韓南也提到，凌濛初似乎對於不符合「本色」的要求也有時會給予辯護。例如在《琵琶記》中對於寫景的對偶句法，他就認為是可允許的。

韓南也提到，「本色」一詞的意思是，在用詞上平易自然、避免用詞深晦，而這也正是白話小說用詞的主要要求。凌濛初對於「本色」的定義也包含著對於文字鑑賞、趣味性及藝術性在裡面。而「本色」的標準將明代戲劇評論家兩派，一派認為「本色」極為平易近人，另一派人認為用詞平易會造成枯燥乏味。但韓南認為，只有凌濛初是平易最徹底的鼓吹者，也是唯一把「本色」作為評價南戲原則的人。

凌濛初的批評主要在作品本身，特別是作品的文字語言，卻極少談到作者的情感。韓南提到，他在寫作時，是站在作品之外的，就算不是完全無感情的，也至少是超然的，他不像馮夢龍將個人抱負表現在小說中。凌濛初主張平易的用詞，因為他認為這樣的語言能夠真實的表現客觀的事物。他也不喜歡超自然的情節跟幻想的事情，他認為時下的戲劇越來越遠離「人情和人的理智」。而這種理智也是《拍案驚奇》的宗旨。

凌濛初推崇宋元小說，主要的原因也是因為它們源自「街談巷議」，具有一定的真實性。韓南認為，凌濛初看到白話小說是可以描寫社會「本色」的，他就按此寫作，他大多數的小說也是寫日常生活中所發生的奇事。他肯定宋元小說的道德目的，也稱自己有注意道德目的。而這種目的使得《拍案驚奇》異於當時的色情文學，雖然還是有猥褻內容，但還是有別於其他胡思亂想的內容。

〔註70〕復古派七子是後七子，指的是 1520～1570 間，主宰中國文壇的七位知名文學家。分別是：李攀龍、王世貞、謝榛、宗臣、梁有譽、徐中行、吳國倫。他們提出的復古風潮，在某程度上也貶低明朝當代人的各項文學成就。

　　韓南認為，凌濛初小說有自己的特點，他故事中的主人公不像馮夢龍的那樣有自己的象徵，他的小說中的社會也異於馮夢龍。凌濛初的小說裡，商人佔大半，官員很少，他的道德要求是社會所公認的合理行為而不是某種絕對的訓條。他也認為人性不是因後天教養形成的而是與生俱來的宿命論，韓南指出，由於凌濛初小說的主要是喜劇及諷刺的組合體，因此他的敘述者能更直接地為假定的作者說話。

　　凌濛初的特點表現在他的敘述者方式、焦點方式及評論方法。他的典型寫法是，寫一段引言發表議論，然後是入話故事具體的表現議論的意思，最後才是正話。他的引言有時長篇大論，有時只有短短一段，這些議論都表現出凌濛初的見解，而且也參雜喜劇的因素。韓南提到，凌濛初愛好雙關語、幽默的譬喻等，這些機智表現在他對情節的評論上。他的引言及評論決定了他的敘述者不同於其他人，他有些評論在作者的序跟評論中看到，這就說明他的敘述者與作者是等同的。

　　韓南認為，凌濛初是讓敘述者用離題的議論來闡述自己的觀點，但是也很難說他是將敘述者等同於假定的作者，畢竟兩者在本質上是不同的，雖然韓南認為這兩者沒有不協調的部分。另外凌濛初的視角切換也與馮夢龍、席浪仙不同，非常靈活，往往一件事會由不同人的角度重複敘述。但是韓南也提到，凌濛初對於視覺效果非常不注重，有些改編後的小說視覺效果甚至比原本的文言小說還差。

　　韓南認為，從故事構造來看，凌濛初的小說人物比他的敘述者還來得一般、平凡，許多角色都是只有姓而無名的。在小說中也常用人物的社會類型來解釋他的動機及行為，如富翁有「富家性子」、一些低階的小販為貪小便宜不分青紅皂白等等，幾乎小說中都談到各種社會類型人物的經歷及思想。

　　凌濛初在處理人物時是屬於超然態度，韓南提到，如果對小說角色的道德立場沒有有所衡量，就無法以超然的態度來處理作者及角色間的距離感。凌濛初特別擅長的是對筆下角色不帶任何感情的處理手法，把角色的行動歸於應該嗤笑的動機。由於在態度上採取超然方法，凌濛初在情節技巧上便極力避免觸動讀者情感。如他的其中一篇犯罪小說表現出真正的感情，但是凌濛初卻讓罪惡混淆在犯罪者跟被害者之間，不讓感情干擾。

　　世人對凌濛初的小說主要印象就是喜劇跟諷刺，韓南認為，凌濛初是超越道德小說的典範，他的小說正面模範都是理智大於良善，敏銳大於德行。而他

的諷刺對象大體上是相似的，韓南指出，他是一個諷刺家，主要諷刺都是針對壞人及愚人。然而他會在小說中正面的提出建議，這或許也是他不被認為是諷刺家的原因。他的道德觀和大多數喜劇諷刺家一樣，是合乎常理的，但有時又會表現出偏離常理和典型的責任感。韓南指出，儘管如此，凌濛初的道德觀還是重視實踐，依據理性和經驗的。

凌濛初在談道德時，很快就會進入到理性和經驗的探討。在他的故事裡，智者懂世道，也有自知之明，只做自己能力範圍所及的事。而他對於故事中的騙子也採取寬容的處置，也許是默認他們的機巧。凌濛初的小說中充滿明智、功利、實踐大於理論的見解，他輕視朱熹（1130～1200），認為道家是不切實際的理論家。他相信天道跟宿命論，認為一切都是前生註定的，這樣的思想信仰為他的道德觀打下哲學的基礎，他小說中的喜劇及諷刺也是被這種思想所限制。

韓南指出，凌濛初的宿命論只針對人的物質慾望，如財富、婚姻、子嗣等，而他的「天道」則在對罪惡的懲罰中出現。宿命論對意志的貶低及暗示人力有限都和凌濛初的道德觀不謀而合。韓南認為，雖然宿命論可能會導致冷酷的自然主義，但凌濛初的宿命論卻是充滿喜劇性的。凌濛初的「天道」也可以概括成一句話『天理不容』，它是最完善的法則、是社會道德的信條，它提供了諷刺家所需要的客觀公正的簡單標準。

韓南認為，在討論諷刺及喜劇所造成的藝術結構時，要先將兩者分開討論，然而這兩者又存在著一種混亂的結構。韓南將這做一簡單分析，首先是喜劇，它涉及的是一個溫和的計謀，或是某種好運，是使社會聯合的。而諷刺則可再細分為兩種，一種是明色的諷刺，是懲罰愚人並將他拉回社會的；另一種是暗色的諷刺，涉及犯罪行為，將壞人排斥到社會外的。

凌濛初的喜劇小說佔了他的全部小說的三分之一，有的是以美滿婚姻為結局的「傳奇喜劇」、有的是其他方面的好運跟好報的「好運喜劇」，好運可分為命好、運好跟成功。這些喜劇大部分是以宿命論為基礎，至少八篇都是寫姻緣前定的議論，這正好符合凌濛初安於命運不要有企圖的想法。小說中也描寫了許多異域風光和怪異現象等。

而在凌濛初的小說中偶而有脫離社會常情的道德觀，如〈小道人一著饒天下，女棋童兩局注終身〉中的道德觀就不太合乎常理。男主角一心只想將女主角弄到手，女主角只想保護自己的榮譽，一心只想欺騙他。韓南認為，凌濛初

的喜劇小說有許多特點，卻仍然保有自己冷靜幽默的個性。如〈韓秀才乘亂聘嬌妻，吳太守憐才主姻簿〉就是極好的瘋狂喜劇描寫。

　　凌濛初的傳奇喜劇大多描寫青年男女戰勝父母反對，使戀愛或婚姻成功的故事。韓南認為，這種現實生活中是不可行的，因此作者會借助一些超自然力量來達成目的。但凌濛初因為多了宿命論來支撐他的理由，因此事件的成功往往來自於幸運。在〈轉運漢遇巧洞庭紅，波斯胡指破鼉龍殼〉裡就運用了命運的混亂，這篇小說中充滿著凌濛初最主要的主題，就是不要與自己的命運爭鬥，而在引言裡也闡明了必須及時行樂的人生觀。韓南指出，這在凌濛初的小說是很少見的，他通常主張清淨無為，而不是享樂。這篇故事最主要的特點是在於命運多舛的喜劇性設計，這是一篇「好運」的故事，也反映了凌濛初的社會諷刺態度。另外也有兩篇喜劇性的小說〈田舍翁時時經理，牧童兒夜夜尊榮〉取材自《莊子》，表達道家的空虛思想，也反映對儒家的嘲笑。〈懵教官愛女不受報，窮庠生助師得令終〉則是一篇「好運」的小說，這裡面也參雜許多凌濛初對社會價值的諷刺筆觸。

　　韓南認為，凌濛初的諷刺小說，不論明色或暗色都比起他的喜劇小說來得更貼近他的主張。凌濛初的諷刺對象很廣，一般屬於無賴的巫師、術士、官員等，各個階層的人都有，然而他所諷刺的愚人，相對來說就顯得狹隘許多，大多都是有錢的年輕人、富二代等。凌濛初對於讀書人和官員也會用諷刺的語調，然而這些人卻不是他故事的中心人物。

　　「流氓和愚人」是屬於明色諷刺，諷刺家對於愚人保持著一定的同情，然而卻保持著超然的態度，因為他們認為智者是可以避免受害的。韓南提到，這類小說似乎對流氓採取一種寬容的態度，雖然他們做的事對社會造成危害，但暗地裡是有點讚賞他們的機巧。另外「犯罪和愚行」則是屬於暗色諷刺，小說中所強調的不是壞人而是做的壞事，這些犯罪違反了習俗，是必須懲罰的。

　　凌濛初所做關於「流氓與愚人」的明色諷刺小說共有十篇。這十篇中，韓南認為最好的是〈丹客半黍九還，富翁千金一笑〉這篇小說中，做出愚行的是一個見識廣、富才智的富人，不是一般的愚人，只是因為陷入好色狀況產生「著迷」才會對應該懷疑的事物深信不疑。其他九篇小說也是將「著迷」定為愚行的基礎，就是因為著迷才會落入圈套。「著迷」可能的原因有很多，如沈迷賭博、著迷於當英雄好漢、好色、好吹牛等等，這些著迷的行為都是違反凌濛初

關於不可違抗命運的原則。而因為這種著迷並不是一次就能結束，所以在小說中，主角總是一次又一次的著了道，直到最後的結局才清醒過來。

另外，凌濛初做的關於「犯罪和愚行」的小說則是屬於暗色諷刺，共約二十篇。這些小說都是對於各種壞人和愚人的研究，小說中的人物不是壞人就是愚人，又或者兩種都是。在這類小說中充滿了對犯罪者動機的挖苦和嘲諷，如〈賈廉訪贗行府牒，商功父陰攝江巡〉中凌濛初警告人們連自己最親的家人也不可以完全相信。〈趙六老舐犢喪殘生，張知縣誅梟成鐵案〉中，凌濛初就認為是因為受害者太寵小孩才會造成後面兒子殺父的情況，受害者也得負起責任。在這類暗色諷刺的小說中，只有能幹的、能自己發現陷阱或是報復的受害人才不會被譴責。韓南認為，凌濛初設計寫作這類的小說主要是減輕同情、義憤等情緒，他將愚人寫成可笑而非可憐、壞人寫成卑鄙而非可怕，從這一觀點來看，小說最後對於愚人的譴責和對壞人的懲罰也不過是凌濛初「關鍵的一擊」了。

韓南提到，在馮夢龍和凌濛初的書大量出版獲得成功後，出現了小說集的熱潮。這些小說大致可分為兩類主題：一種是色情傳奇小說，另一類是道德英雄小說，下面簡單說明。

（一）色情傳奇小說

這類小說主要受到馮夢龍《情史類略》及當時色情小說影響。最早的色情小說集是《鼓掌絕塵》〔註71〕，小說在內容上與凌濛初的傳奇喜劇及社會諷刺方面十分相似。在裡面第四集中是一篇諷刺狂文，韓南認為，是預示了後來的《醒世姻緣傳》〔註72〕及《照世杯》〔註73〕的產生。而這本書所諷刺的對象社會地位也比凌濛初來得高，甚至諷刺到了魏忠賢這樣的人。

另外屬於這類小說更典型的是《歡喜冤家》〔註74〕，作者在序中表明小說家應只有傳奇這個領域，而他還將自己的作品訂了更狹窄的範圍，就是只有寫

〔註71〕 明代白話小說集。全稱《新鐫出像批評通俗小說鼓掌絕塵》，題金木散人編。書分為風、花、雪、月四集，共40回。每集10回，寫一個完整的故事。出版於凌濛初兩個小說集之間，書名似乎受《拍案驚奇》影響。

〔註72〕 又名《惡姻緣》，清初長篇小說，共一百回，作者署名西周生，一說是《聊齋誌異》作者蒲松齡的作品，又一說是丁耀亢著。內容長達一百多萬字，描冤冤相報的兩世姻緣故事。

〔註73〕 又名《諧道人批評第二種快書》，是一本作者屬名為酌元亭主人的清朝短篇小說集，此書共有四篇短篇小說。書名取名為傳說來自撒馬爾罕的寶物「照世杯」。

〔註74〕 《歡喜冤家》正集十二回，續集《貪歡報》十二回，西湖漁隱主人撰，韓南認為作者是杭州無名作者，高一葦。

「愛情不可避免的發展過程」。這個過程是：一見鍾情並相愛，發生性關係而到故事高潮，然後因為厭倦而使愛情下降，後只剩下妒忌、仇恨和猜疑。因此韓南認為「愛與恨」是這本故事中最主要的主題。事實上韓南也認為，撇開作者的色情傾向，這本故事集表面上是「情」的理論，裡面則是關於道德報應的故事。

另外還有兩個傳奇故事集《一片情》〔註75〕及《弁而釵》〔註76〕。前者與《歡喜冤家》相似，只是色情部分較多，道德的因果報應較少。後者則是同性戀專題的故事集，每篇都寫一對同性戀的故事。這些小說的原型是席浪仙的《石點頭》中的〈潘文子契合鴛鴦塚〉，但是席浪仙是以幽默的態度處理這一種議題，這本小說集的作者卻是以嚴肅的態度來論證同性戀的合理性。

（二）道德英雄小說

在明末清初異族威脅下，小說的主流轉變成儒家道德英雄。寫作家反對隱居和浪漫放縱的思想，他們要求個人履行並服從社會職責。對功利善惡有報的思想也非常冷淡，小說的焦點主要集中在官員和讀書人身上，尤其是讀書人。

這類小說集有很多本，首先談到《西湖二集》〔註77〕，序中說明作者之所以轉向寫小說是因為他的才能不被重視，因此寫說作為失望後的寄託。書中主要充斥著作者的思想及信念，貫穿全書的是他個人的困頓及對當權者的輕蔑。作者的態度使小說別具一格，他增加了大量的評論，因此全篇小說接近於歷史的敘述，有些甚至超過了傳記的形式，更像是明代政治及軍事史實的論文。韓南認為，不論後世怎麼評論，他都認為這樣的小說是不成功的，但作為白話散文家，它仍值得一提。

韓南提到，這類型的小說最後且最好的是《醉醒石》〔註78〕，書中有強烈的愛國及道德傾向，敘述手法嚴肅單調，主要提倡人們要實踐社會責任。小說

〔註75〕作者不詳，是一本流傳至今的歷史小說。四卷十四回。在四卷十四回首序，後署「沛國樗仙題於西湖舟次」。

〔註76〕共四卷二十回，題「醉西湖心月主人著，奈何天呵呵道人評」。作者與評者均不可考。

〔註77〕晚明白話短篇小說集，為周楫所著。由於書中故事均與杭州西湖有關，故以此為名。此書應為《西湖一集》的續書，但該書已經亡佚。全書共三十四卷，每卷寫一個故事。

〔註78〕明末清初白話短篇小說林中一部代表作品。本書作者署名東魯古狂生。《醉醒石》不僅具有一定的規模，作品題材也涉及比較廣泛的社會內容，而且在寫作藝術上，也有勝處。書名源自一傳說，有一塊能使醉漢清醒的石頭。

主要是寫明初之事，卻是對明末的滅亡所反應。韓南認為，書的作者是很好的動機分析家，善於描寫角色做出不道德行為的思想過程。在他的小說中，中心形象是官員不是商人，他的道德觀也是官員的道德觀。他不認為人性本惡，而是因為不遵守正確的思想觀所導致的。因此他的小說是說教式的，屬於傳統的儒家思想，而這正是李漁等十七世紀的文人所嘲笑的對象。

三、韓南之席浪仙、凌濛初白話小說研究析論

韓南對於席浪仙及凌濛初白話小說的研究主要分為以下幾點：首先韓南針對馮夢龍的「三言」內容使用「風格判準」來判斷，在「三言」中的最後出版的《醒世恆言》應該有其他編者或作者參與其中，根據他所提出的證據推斷該作者應是《石點頭》的作者席浪仙。而韓南接著分析席浪仙的文學風格並與馮夢龍作品風格做比較，進而表現出席浪仙的作品特點。他也將《醒世恆言》的小說依據類型分為四項來討論。

其次，韓南討論與「三言」齊名的「二拍」作者凌濛初，他認為凌濛初與馮夢龍的生平極其相似，文學主張也相同，認為「今之人，但知耳目之外，牛鬼蛇神之為奇，而不知耳目之內，日用起居，其為譎詭幻怪非可以常理測者固多也。」〔註79〕他推崇馮夢龍，並以其為榜樣來編寫小說。他也批評當代的小說較為淫蔑猥褻，因此他主張禁止這些東西。韓南認為，凌濛初在撰寫小說時是採取置身事外的敘事者觀點。他的小說充滿喜劇及諷刺，凌濛初的道德觀也蘊含在他的作品中。為檢視韓南的研究論點，下面筆者試列點討論。

（一）關於《醒世恆言》的作者問題

韓南認為，依據現有材料及「風格判準」的證據，《醒世恆言》的作者應該是席浪仙。他認為在《醒世恆言》中曾出現過兩個署名，一是注釋者及寫序的人「可一居士」，另一署名是校點者「墨浪主人」，而墨浪主人可能就是執筆者。首先作為韓南判定為同一作者的 X 小說，其主要出處的《醒世恆言》與《石點頭》關係非常密切。馮夢龍為《石點頭》作序，且《石點頭》出版者以刊行《石點頭》、《醒世恆言》及馮夢龍的《新列國志》三部小說的原刻本聞名。

其次，X 小說的內容常將著名的唐代傳奇文言小說改編為白話，這也正好是《石點頭》的特點。再者，兩者都含有大量的色情或淫穢內容，且兩者都詳細的描寫了農民階級的生活。最後韓南在《中國短篇小說》中提到最大分別兩

〔註79〕見〔明〕凌濛初：《初刻拍案驚奇·序》。

者的特點是，他們對女性的態度不同。X 傾向於把他筆下的女主角們寫成孝道的典型，模範的家庭主婦，讓她們以美德的絕對力量來統治男人。因此韓南指出，雖然無確切的證據，但若沒有其他更為充分的理由，應該可以認定 X 小說及《石點頭》是出自同一人，即席浪仙之手。

為檢視韓南的研究論點，筆者首先考察學界對《醒世恆言》作者來源的看法。夏志清指出「三言」中的故事，幾乎無例外的都是根據宋元明的話本，而且都保存了說書的常套。他認為這些故事在輯印成書時，恐怕很少是經過仔細編排的，因為故事的好壞非常不一致〔註80〕。

馬幼垣認為「三言」沿用舊製者有之，馮夢龍親筆著述恐怕不多，要確實分辨並非簡單的是，因此他認為我們可以說「三言」代表馮夢龍的好惡和取捨標準，但是卻不能說這些故事集整體性的反應他的思想〔註81〕。

許建平在《中國小說研究史》中提到，韓南考察的結果是，《醒世恆言》中可能只有一兩篇是他寫的。且大多數重新編寫《醒世恆言》的人應該是席浪仙，而非馮夢龍。許建平提到，張兵認為韓南的「席浪仙說」證據單薄，有待商榷〔註82〕。

綜言之，雖然韓南提出文本證據證明《醒世恆言》的主要編寫者應該是席浪仙，中文學界雖對此一說感到驚奇，但卻未有相關研究者研究並證實其真實性，研究此說法的學者也很少。普遍來說，中文學界無一不例外認為《醒世恆言》屬於「三言」的一部分，在「天許齋刻本」扉頁上有題識，其中說到「本齋購得古今名人演義一百二十種，現已三分之一為初刻云」，而且在目錄之前也有「古今小說一刻」的字樣，說明《古今小說》最初計劃為幾本小說集的總書名。因此中文學界便將此後出版的《警世通言》、《醒世恆言》也都當作馮夢龍的個人著作。

再加上席浪仙的背景、生卒年甚至是名字、哪裡人也都未有定論，且目前只發現《石點頭》一部作品，可以比對的文本資料太過稀少，無法成為有利的證據。筆者認為本來馮夢龍就承認，《古今小說》是他搜集宋元話本並進行改編而來的，就現代來看，馮夢龍應是小說集的主編，他可以下去編輯，也可以託人編輯。因此筆者認為，雖然我們目前還未有證據證明《醒世恆言》的主要

〔註80〕 見夏志清：《中國古典小說》（台北：聯合文學，2016），序。
〔註81〕 見馬幼垣：《實事與構想:中國小說史論釋》（台北：經聯出版社，2007），頁 131〜160。
〔註82〕 見黃霖、許建平：《中國小說研究史》（杭州：浙江古籍，2002），頁 233〜238。

編寫者是席浪仙，但是《醒世恆言》並非馮夢龍一人所編著是可以肯定的。若要證明韓南論點的正確性可能需要等待更多的文本證據來證明。

（二）席浪仙的文學風格及思想

韓南認為席浪仙小說主題強調的似乎是雙方面的，一是承襲白話小說的慣例，以道德說教為主；另一方面，則是他所關注的社會問題。韓南認為，席浪仙和當時其他白話小說作者一樣，受到公認白話小說的觀念限制，認為小說一定要新奇，還要具備一種道德意義，顯現出各種「報」的原則。

韓南認為，席浪仙的小說表現形式與馮夢龍大致相同，但在入話部分往往會討論前生命定、成功失敗、如何對抗誘惑等較為長篇幅的議題。在故事結構中也比較簡單，沒有過多的巧合。席浪仙喜愛讓敘述者與讀者對話，也喜歡用概括式說明。他的故事有富含明顯的道德寓意，卻很少讓敘述者直接說教。

席浪仙小說中的另一個特色是他所描寫的社會階層，這使他不同於前人。在席浪仙以前的小說，寫的都是城鎮中的事，對於農民生活中的種種苦難都沒有談到。但席浪仙的小說卻描寫了社會低層農民及農村的種種現象。他也注重角色內心的描寫。韓南指出，席浪仙是白話小說作者關注這方面的第一人。在他的小說裡把夢、夢魘、如夢的幻覺等解釋為緊張思念的產物，也是心理狀態的描寫。

韓南認為席浪仙的小說比起前人更加凸顯道家精神世界，他也表顯出對待道家幻想故事的一種態度。雖然不同於馮夢龍以公眾道德為主題，但席浪仙也不是否定一般的儒家道德，在這方面他比之前的作家甚至馮夢龍更為傳統。他對於婦女忠節相當重視，小說主角都負有公認的道德標準，都忠於某種超過自身職責的社會規範職責。席浪仙對於儒家教育也有其看法，他認為道德是獨立於一切教育之外的。他筆下的壞蛋是天生的壞人，跟教育無關。

目前學界對於席浪仙的研究甚少，只從馮夢龍及零星一些文獻資料可知，他就是《石點頭》作者天然痴叟。生卒年也不詳，只能從現有資料得知他與馮夢龍關係密切。因此在探討席浪仙的文學風格及思想時，只能透過《石點頭》一窺一二。為檢視韓南的研究論點，筆者首先考察學界對席浪仙文學風格及思想的看法。

劉勇強指出《石點頭》在描寫人性、特別是人性的矛盾、複雜及陰暗方面，確實有此前小說所不及處。但是也能在此看出天然痴叟一方面因襲著傳統道德敘述框架，另一方面又從現實生活出發，超越了舊的思維，力圖更真實更全

面地展現人性，在這兩者之間還缺乏協調與平衡，有時會造成小說的混亂。然而這樣介於過渡性的小說，卻是值得我們關注的〔註83〕。

徐志平認為，《石點頭》的寫作技巧相當高明，比起「三言」的頂尖之作或有不如，和「二拍」比則毫不遜色。整體而言，全書在思想上比較傳統，不如「三言」、「二拍」進步，但在寫作手法上，無論結構設計、人物刻畫、細節處理都取得相當高的成就。

他指出《石點頭》的主題思想大致上分為命運、道德、政治、婚姻及宗教五個方面，下面筆者試就其論點探討：

1. 命運觀

此書中表現非常濃厚的宿命思想，由於相信「事皆前定」使得人力顯得十分渺小。徐志平認為，過分強調命運的主宰力量會使人世上的奮鬥努力失去意義，也會減低作品的感染力。不過在這書中卻也不主張人在命運前低頭，人力雖小卻也有積極的意義。

2. 道德觀

在此書中的道德觀都是正面的，因為他有勸善的主題思想在。但是由於題材有限，無法看出是否有忠君愛國的思想。徐志平指出，本書幾乎沒有出現任何矛盾的世界觀，對於傳統的道德觀念毫不懷疑，因此批判性也就不強，也比較缺乏現實主義的精神。在人性和道德發生衝突時，作者總是很快就安排道德壓倒人性，減少了衝突性，也降低了小說的藝術成就。

3. 政治觀

此書在提到政治問題時都是站在百姓的立場說話的，具現實意義也非常可貴。整體而言，除了消極地表示對政治制度或官員的不滿外，並沒有表現出積極進取的勇氣。

4. 婚姻觀

此書沿襲自古以來傳統的傳宗接代觀念，認為婚姻就是為了傳宗接代。因為如此所以對於個人關係輕，對家庭關係重，一般主宰婚姻的都是父母而非當事人。徐志平指出，本書雖沒有大力推崇，但卻表現出較贊同一夫一妻制的傾向。在各卷皆有提到夫妻恩義的情節，作者認為非萬不得已（如為傳宗接代），是不鼓勵娶妾的。

〔註83〕見劉勇強：《話本小說敘論：文本詮釋與歷史構建》（北京：北京大學出版社，2015）。

5. 宗教觀

此書所呈現的宗教意識是包含在庶民佛教〔註84〕的範圍內，帶有濃厚的迷信與神話色彩。書中所表現出的宗教觀是一般的，沒有佞佛也不排斥，雖然各卷充斥著因果之說，但只是勸人向善，並沒有看破紅塵出世之想。

綜觀此書，徐志平認為其思想似乎未能突破世俗觀念的侷限，特別是在追求功名富貴、迷信因果鬼神、輕視女權、提倡片面貞操等方面，顯得相當陳腐。但在命運觀上，重視人事的力量，有積極意義。又認清政治應為百姓謀福利，痛斥了貪官和苛政。又認為真正的行善不是禮佛齋僧，而是救人飢寒、解人仇怨、隱諱人過失。此外也歌頌了父子、夫妻之情的可貴，對於女性堅毅地一面予以肯定和頌揚〔註85〕。

綜言之，目前學界對席浪仙的所知還是少數，只能藉由《石點頭》來考證。但在中文學界對於《石點頭》的研究還不多，因此無法全面的與韓南的論點來做比較。筆者認為，以目前所知的論點來看，韓南與中文學界的研究方向大抵上是相同的。席浪仙的思想較馮夢龍更為傳統封閉，他們對待女性的方法也不同，馮夢龍較有同情心，但席浪仙卻屬於較為遵守傳統婦道的觀念。

（三）凌濛初的文學主張及特點

韓南認為凌濛初的生平跟馮夢龍很像，兩人一樣從事編撰工作，也都以戲劇家和劇評家聞名，而且在許多議題上也都有意見。凌濛初自己也承認他第一本小說就是受了馮夢龍的影響。凌濛初主張平易的用詞，因為他認為這樣的語言能夠真實的表現客觀的事物。他也不喜歡超自然的情節跟幻想的事情，他認為時下的戲劇越來越遠離「人情和人的理智」。而這種理智也是《拍案驚奇》的宗旨。

韓南認為，凌濛初小說有自己的特點，他的小說裡，商人佔大半，官員很少，他的道德要求是社會所公認的合理行為而不是某種絕對的訓條。他也認為人性不是因後天教養形成的而是與生俱來的宿命論，韓南指出，由於凌濛初小說的主要是喜劇及諷刺的組合體，因此他的敘述者能更直接地為假定的作者說話。這樣的特點也表現在他的敘述者方式、焦點方式及評論方法。凌濛初愛好雙關語、幽默的譬喻等，這些機智表現在他對情節的評論上。他的引言及評

〔註84〕指流行在社會底層，廣受信仰的非正統佛教。受到儒、道二教的影響，表現出三教調和的樣態。

〔註85〕見徐志平：《晚明話本小說石點頭研究》（台北：台灣學生，1991）。

論決定了他的敘述者不同於其他人，他有些評論在作者的序跟評論中看到，這就說明他的敘述者與作者是等同的。

韓南認為，從故事構造來看，凌濛初的小說人物比他的敘述者還來得一般、平凡，許多角色都是只有姓而無名的。韓南指出，凌濛初是超越道德小說的典範，他的小說正面模範都是理智大於良善，敏銳大於德行。而他的諷刺對象大體上是相似的。儘管如此，凌濛初的道德觀還是重視實踐，依據理性和經驗的。

韓南認為，凌濛初的諷刺小說，不論明色或暗色都比起他的喜劇小說來得更貼近他的主張。「流氓和愚人」類型是屬於明色諷刺，諷刺家對於愚人保持著一定的同情，然而卻保持著超然的態度，因為他們認為智者是可以避免受害的。韓南提到，這類小說似乎對流氓採取一種寬容的態度，雖然他們做的事對社會造成危害，但暗地裡是有點讚賞他們的機巧。另外「犯罪和愚行」類型則是屬於暗色諷刺，小說中所強調的不是壞人而是做的壞事，這些犯罪違反了習俗，是必須懲罰的。

為檢視韓南的研究論點，筆者首先考察學界對凌濛初文學風格及思想的看法。劉勇強指出凌濛初最為突出的審美觀念就是所謂的「無奇之奇」，他認為凌濛初對於「奇」的觀念具有重要的文學史意義。它標誌著中國小說對「奇」的追求有了新時代的意義，這樣的核心意識首先是將「奇」與現實生活作連接，二是將「奇」與真實性相關聯，而在「二拍」中這兩個意識都有鮮明的體現〔註86〕。

楊義、白雪華認為凌濛初的「二拍」直接面對市井百姓，通俗性、娛樂性很強，在民間廣為流傳。這主要歸功於三方面，首先凌濛初主張小說必須使讀者耳目一新，讓讀者在愉悅的審美中獲得精神享受。其次「二拍」是應書商要求所創作出版的，是一種文化商品，需要有廣大的讀者群，與一般文人自娛的白話小說不同，它要充分考慮到讀者的需求。最後，雖然「二拍」是商品，但若沒有作者真情投入也難以感動他人。

他們提到，在反應商人的經濟活動和追求財富的人生觀方面，「二拍」顯得更為集中和具體。和「三言」一樣，愛情和婚姻也是「二拍」重要的主題之一。在肯定「情」對人生的重要價值，更多的是把「情」和「欲」即性

〔註86〕見劉勇強：《話本小說敘論：文本詮釋與歷史構建》（北京：北京大學出版社，2015）。

愛聯繫在一起，並對女性的情慾多做肯定的描述，對傳統道德的衝擊更為直接〔註87〕。

　　王汝梅指出凌濛初等人提出「真奇出於庸常」、「幻而能真」的觀點，敘述「奇」與「常」，「真」與「幻」之間的關係。這裏批評了片面好奇而失真的傾向，為了滿足讀者的好奇心，而作家只知奇之為奇〔註88〕。

　　劉福元指出，凌濛初的文學主張有涉及到「教與娛」、「雅與俗」、「常與奇」、「真與贗」等有連帶關係的問題。明代短篇話本小說早就不是說話人的底本，而是供人閱讀用的。凌濛初不僅重視「娛」，也同樣重視「教」，他認為宋元話本小說本身就是要勸教的。凌濛初也重視市民文學的通俗性，然而卻不是「庸俗」，他認為文學作品應像馮夢龍一樣「雅」「俗」交融。凌濛初很欣賞自己的撰著的「奇」，他所認為的「奇」並非出於不尋常、牛鬼蛇神的奇，而是存在於常態生活中的「奇」。凌濛初的小說是「真」「贗」互參，一半真一半假，屬於藝術性的虛構。

　　劉福元也提到，「二拍」中有許多篇章集中描寫商人，但在反應明代商業活動的同時，也暴露了金錢衝擊社會、家庭關係以致利慾橫流、道德淪喪、社會風氣敗壞的現實。「二拍」也揭露了封建官吏的腐敗，故事中也以實例證明「官即盜、盜通官」的現實思想。「盜」跟「官」在凌濛初筆下是一起被撻伐的，然而凌濛初筆下還是有「盜」會受到讚揚，就是受封建制度秩序所允許的「盜」。再來，「二拍」中涉及最多的就是婚戀的題材，而追求婚戀的自由，享受自主結合的權力，擺脫封建制度婚姻的牢籠在「二拍」中的許多人物上都有體現。從婚戀問題擴及到婦女問題，「二拍」中的一些作品以進步的婦女觀對婦女問題作了生動的表現。它破除了封建制度對婦女的偏見，表現出對婦女的尊重和肯定婦女的社會價值〔註89〕。

　　傅承洲指出，凌濛初在《初刻拍案驚奇·序》中確認，他創作的「二拍」是受到馮夢龍的影響，然而他與馮夢龍不同。相較於馮夢龍，凌濛初不太熱衷宣揚忠孝及一的大道理，而是針對明代社會中普遍存在的各種醜態現象發表評論，做出是非善惡的判斷，並藉此告誡世人〔註90〕。

〔註87〕見楊義、白雪華：《二拍選評》（香港：三聯書店出版，2006）。
〔註88〕見王汝梅、張羽：《中國小說理論史》（杭州：浙江古籍，2001），頁81～84。
〔註89〕見蕭欣橋、劉福元：《話本小說史》（杭州：浙江古籍，2003），頁340～363。
〔註90〕見傅承洲：《明清文人話本研究》（北京：人民文學，2009）。

　　徐志平認為「二拍」在小說史上有其特殊的意義,然而比起「三言」卻稍嫌不足,它沒有幾乎包含社會所有面向的題材,也沒有刻畫深刻的人物角色,最為人詬病的是它在某些篇目對於色情的描寫過度渲染,毫無美感而墮入惡趣。然而,雖然它還有許多不足之處,但在小說史上還是有其發展。首先,在揭發貪官污吏的罪行方面,不但篇數比「三言」多,而且批判得更為直接、尖銳。除了貪官污吏外,凌濛初也描寫了一些由於剛愎自用、為成見所誤,或動輒用刑、屈打成招因而造成冤案的糊塗官員,他認為這些官員跟貪官污吏一樣可怕。其次,婚姻愛情故事佔「二拍」相當多的份量,而且在婚姻愛情觀念上「二拍」比「三言」更為進步,更合於強調自由、尊重人性的現代標準。最後,「二拍」中還有一類是描寫商業生活的,它對於商人致富的手段並不會以道德去評價他。徐志平也提到凌濛初善用諷刺的筆法,對當時社會許多愚昧行為加以嘲諷﹝註91﹞。

　　綜言之,筆者認為韓南與中文學界研究面向不太相同。中文學界普遍關心凌濛初對於「無奇之奇」的重視,但韓南關注的卻是凌濛初小說表現的技巧。誠然韓南與中文學界對於凌濛初的改編、創造能力,賦予了舊材料全新的生命給予肯定。但凌濛初的作品對社會人生刻劃有欠深度,又有神鬼迷信、輪迴報應的思想,而且在色情文字的描寫甚多,這也是中文學界所詬病的。筆者認為,雖然韓南與中文學界所關心、研究的重點有所不同,但是大致上卻是有相同的看法,中文學界所關心的是凌濛初在文本上所表現的感情思想,且經常將凌濛初與馮夢龍做比較,而韓南則較為關心凌濛初在寫作時的技巧成就,他也只考證馮夢龍與凌濛初的生平思想,並未將他們的文本一起討論,這也是值得中文學界所參考的。

第三節　韓南之李漁與艾衲之白話小說研究析論

　　李漁是明末清初文學家、戲劇家、戲劇理論家、美學家。李漁自幼跟戲班到各地演出,從而積累了豐富的戲曲創作、演出經驗,提出了較為完善的戲劇理論體系,被後世譽為「中國戲劇理論始祖」、「世界喜劇大師」、「東方莎士比亞」。李漁一生著述豐富,著有《閒情偶寄》、《無聲戲》、《十二樓》等文學作品。

﹝註91﹞見徐志平、黃錦珠:《明清小說》(台北:黎明文化出版社,1997)。

　　李漁最大的成就是在於他對於戲劇的理論分析,他所著《閒情偶寄》共分為詞曲、演習、聲容、居室、器玩、飲饌、種植、頤養八個部份,堪稱生活藝術大全、休閒百科全書,是中國第一部倡導休閒文化的專著。在前面兩部分「詞曲」及「演習」中,李漁在汲取前人的理論成果基礎上,結合自己的藝術實踐經驗,對中國古代戲曲理論進行了全面的總結,從而形成了一套內容豐富、自成體系、具有民族特色的戲劇理論體系,是中國歷史上第一部系統的戲劇理論著作,更是中國古典戲劇理論集大成之作。

　　艾衲居士是中國清代的一小說家,因為生性詼諧,且喜歡作翻案文章,因此取名為艾衲道士亦或莫衲老人,著有《豆棚閒話》。《豆棚閒話》是中國小說史上一部別具一格的白話短篇小說集,分析清初的文化背景,《豆棚閒話》表露了清初文人的普遍心態,他們身歷了明清易代的社會變革,在新朝不由自主地陷入了理想與現實的雙重困境,不得已借助各種方式尋找精神出路。《豆棚閒話》以小說特有的方式清晰地展現了作者思想的全過程。

　　韓南將艾衲作為白話小說史的最後一位,他認為可能有適當也有不適當的地方。適當的是,因為艾衲的《豆棚閒話》的形式不僅標誌著和馮夢龍及同時代人所採用,又由李漁稍加改變的小說形式決裂,也標誌著中國白話小說本身的模式。當然白話小說並不是只到艾衲為止,之後還是有許多作家在繼續寫白話小說,然而對於艾衲的改革卻不甚清楚。

　　因此本節,韓南就戲曲家李漁及作為最後論及的艾衲生平思想及其著作,為白話小說史作一簡單敘述。

一、韓南之李漁白話小說研究

　　韓南認為,李漁與同時代的文人交往廣泛,且為大眾所知,所以他的重要作品大多都有保存下來。李漁曾在書中提到,他為了「打抽豐」〔註92〕而長期帶著妻妾到處在富有人家門下遊蕩的生活,這點常被同時代的文人所詬病。因此他的作品中也時常談到他的寫作、出版、編輯、賣書等活動及他經濟不穩定的生活。韓南提到,李漁是屬於將自己的情緒、態度、價值觀等全部表現在作品的作者,在這其中最突出的是他的美學價值觀。在他身上存在著一種既是享樂也是審美的觀點,他是一位快樂的哲學家也是藝術家。他的哲學思想是「不要期望以免失望,不要深謀遠慮,因為還有更多不如自己的人」藉此安慰自己。

―――――――――――――――――――――

〔註92〕向富有的人抽取小利,或藉故向人求取財物。

而這樣的觀點時常出現在他的小說中，他相信順應環境的道德而不是絕對的道德，他也開明的將某種利己思想置於個人犧牲上，作為社會的理想。

李漁這種恬淡的享樂主義為他提供了一種閒適荒誕的生活方式，主要目的是提供他感官上享受，一種審美觀上的快感。如他曾在作品中說到，他寧願少活一年也不願少看一季水仙花。李漁的審美標準適用於生活中的全部事物，並與道德標準相容，在他的作品中「美」和「才」是息息相關的，也就是所謂的善。韓南提到，李漁曾在作品中多次提到自己的審美原則，妥適、簡明、自然、優美、新奇，尤其新奇是主要的原則，他厭惡剽竊模仿，甚是反對重複自我作品重複編寫。他的原則除了用在作品中，也被用在他的生活領域。

韓南提到，李漁將自己的主張付諸實行，他經常出現新的觀念、設計和種種創新之舉，在寫作上，不論是主題還是材料往往都富有愉快的創新。李漁強調文學的獨創性勝過任何中國批評家，他給同時代的文人最主要的印象就是創新。李漁認為「新」對文學的內容比對它的技巧更為重要。像他也認為填詞必須按照曲譜逐字填入，形式上無法跳脫傳統，但如果在觀念上做改變還是可以創新的。

然而，李漁的這種創新思想卻不延伸到幻想和神怪等超自然現象上，韓南認為，李漁認為文學不應該超出作家的實際經驗，他也認為人生經驗是無窮無盡的。韓南提到，李漁求創新是因為他相信社會及文學並非只有一種格式，社會風俗、制度、人的態度都是會隨時變化的東西，沒有東西是一成不變的，就如同文學的格式、題材、風格也都並非不變。李漁推翻陳規，他也關心婦女議題，韓南認為可能他是想作為推動思想解放的效果。李漁求新也是因為他認為古戲只為專家所需要，只有新戲才是符合現代大眾所求的，他也以創新為自傲。

在李漁的作品中，小說及戲劇是關係最密切的體裁，他的小說中充滿了許多戲劇的術語。韓南提到，只要簡單一讀就能看到小說及戲劇中相似的性質，他主要以強調觀念為主，人物和背景都是較不重要的。韓南認為，李漁對於戲劇的分析非常高明，他曾批評同時代的劇評家金聖嘆（1608～1661）〔註93〕對

〔註93〕金聖嘆，本名金人瑞，又名金采，字聖嘆。明末清初著名文學批評家，為人率性而為，恃才傲物。他評點小說《水滸傳》、戲曲《西廂記》及杜甫諸家唐詩，批點綿密細致，深入至一字一句，開創中國文學前所未有文學批評的新模式，樹立小說戲曲評點的新體例，為身後中、日、韓作家所倣效。金聖嘆提高通俗文學的地位，提出「六才子書」之說，使小說戲曲與傳統經傳詩歌並駕齊驅，受推崇為中國白話文運動的先驅，在中國文學史上佔有重要地位。

《西廂記》的評論，認為金聖嘆只是從讀者角度去評斷，李漁認為如果金聖嘆也寫過幾部戲劇再去評斷或許會更好，他會認為金聖嘆評論不好主要就是在於不懂寫劇的甘苦。

評論家在評論作品中精妙之處時，所處角度不同評論也有所差異。金聖嘆評論是以讀者角度，他評論作品精妙處是由於作者有意為之。而李漁站在實踐者立場來評論則是認為，這種精妙處是由於無意識的狀況下做成，因此不應列入評論範圍。韓南認為，這樣的評論作為李漁寫給初學劇作家的評論來說是合理的，因為李漁並不相信天生才子，所以對大師之作也並無敬畏之意。

李漁認為戲劇最主要的要求便是能理解的，語言需淺白、結構有條理且避免用典、少用方言。然他雖主張文字淺顯卻並非意味著粗俗，他認為在戲劇的賓白[註94]部分也應該和唱詞一樣注意詞語。韓南指出，李漁認為小說及戲劇都應為廣大讀者能懂，但又不能降低格調及質量。李漁非常重視作品的結構，他是給予「結構」這個概念重要地位的人。他認為好的「結構」必須要有一個關鍵統帥的「主腦」，這個主腦是一切事情發生的起因，而這個起因必須非常新奇，足以引起人們感興趣。

韓南提到，李漁是從不同層次來談這個「結構」的概念，他強調全面的計畫和縝密的安排，這也是他的戲劇及小說理論有別於其他人的原因。他也將新奇及巧妙的特點表現在結構上。他認為文學的作用並不是引起人們的恐懼、憤怒、憐憫等，而是純粹做為人們的娛樂及享受。李漁曾說，他自己的作品大多是娛樂和笑料，他嘲笑文學的道德化，認為一經道德化，作品中的韻味和辛辣味都會失其味道。但韓南也指出，李漁的作品也不完全排除說教，因而發展出他獨有的哲學喜劇。

接著談到李漁的小說，除了長篇小說《肉蒲團》之外，還另外有兩個短篇小說集《無聲戲》及《十二樓》。《無聲戲》著於《十二樓》之前，有前後兩集，但皆無保存下來，然裡面的小說一些分佈在各個不同的合編版本中。韓南認為，李漁與之前的小說家相比，他和凌濛初是接近的，兩人都認為應以新奇事物作為小說的題材。兩者的小說都是喜劇，都有一段入話說明文章主旨，也都有一些個性化的細節描寫。然而李漁的道德觀與凌濛初的道德觀

〔註94〕指戲曲中人物的內心獨白和對話。有韻白、口白兩種，韻白接近官話，有明顯的旋律和節奏變化，字音較為拖長；口白較接近各地方日常語言，但又比口語誇張。亦稱為「念白」、「唸白」。

卻不相同，他的作品中表現出的是，順應自然、通情達理、實用性，而非既定的道德標準。而從意義上來看，韓南認為李漁給予小說的喜劇效果比凌濛初來得更多。

　　韓南認為，李漁的小說帶有明顯的個人標誌，如在他的小說中有許多一夫多妻的婚姻，這樣的安排有極大形成喜劇的可能性。他的作品中將感官刺激、情慾、古怪的猥褻及喜劇交織在一起。韓南將李漁的作品按照時間排序，研究他的發展變化，他認為李漁的小說大多以推翻古老定論的社會反論為中心，尤其在《無聲戲》中非常突出，而他所推翻的正是過去小說中認為應該重視的論點。另外還有一些是推翻常見主題的，如才子佳人被推翻成醜男子娶了許多美女。也有顛倒常見的信念的，如李漁認為「才能應高於道德」等。下面韓南淺談李漁的《無聲戲》及《十二樓》內容。

　　在《無聲戲》第一篇〈醜郎君怕嬌偏得豔〉中李漁編造醜男獨佔三個美女外，還編出一套，應是美女前世罪惡，所以今世才有如此報應。韓南認為，這是李漁對於「不要奢求」的哲學開玩笑地延伸說法，李漁雖然主張承認現實但是卻也有例外，在小說中他也曾讓人物表現出專橫，堅持社會道德的形象。另外李漁也根據這篇小說寫了一齣南戲《奈何天》，比小說的結構更為對稱，喜劇效果更為濃厚。

　　第二篇〈美男子避惑反生疑〉也是一個機巧的故事，與第一篇相似，卻多了某種偵探小說的味道，但其中並沒有犯罪行為。這篇故事是典型的李漁式安排情節方式，這裡表現的機智和技巧使人驚奇、愉悅，形成了對社會的諷刺的黑色幽默。第五篇〈女陳平計生七出〉是李漁典型的主人公，一個聰明、務實但不識字的農村婦女，她被擄後為保全貞節的行為與其他婦女成為鮮明的對比。第六篇〈男孟母教合三遷〉是喜劇的同性戀故事。他在故事中寫愛情是違反習俗的，但又在入話及結語中極力肯定這是屬於唯一正確的愛情，韓南指出這是李漁有意為之的矛盾情結。而李漁在這篇小說中將淫猥的想像力發揮到極致，完全可以稱為喜劇性的煽情。

　　韓南提到，如果《無聲戲》的書名是李漁認為小說及戲劇的體裁相通的思想，那《十二樓》就顯得平淡無奇了。因為李漁本人熱衷於建築，所以以建築物來為小說集命名並作為文學象徵就顯得極為自然了。這裏的十二座樓都有其意義，每一篇都是多章回的，因此有比較複雜的情節連貫處理，且它的各個章回都有其開頭跟結尾，因此提供敘述者更多評論的機會。在這故事集中可以

看出許多與作者相關的地方，如至少有四篇入話引用李漁本人的詩，也有些涉及他的個人經歷。在敘述者所陳述的主張也與舊時不同，反而比較接近或相同於李漁文章所提到的主張，出現了一種新的有個性的聲音。

李漁的小說常是表現概念，如《十二樓》第一篇〈合影樓〉中「概念」佔了絕對的主導地位，故事主要是兩個不同信念的家庭，一個風流才子一個道學家，他們的水閣分別建在池塘兩邊，而他們倆家庭中的兒子女兒因為在池上見到對方倒影而互相愛慕，池中的合影則是表現這種概念的象徵。韓南指出，道學和風流的問題時常出現在李漁的戲曲中，李漁認為：孔子之道絕對不是完全排斥享樂，人情中含有天道，因此兩者兼容才是一個夠格的學者文人。

第三篇〈三與樓〉則是一篇用精巧的自然解釋神祕現象的小說。韓南認為，小說中別具新意的是，提出別為兒孫積蓄家產的思想。小說中清晰地描繪兩種人物類型，一是超脫世俗，縱情於藝術的智者；另一個是貪婪吝嗇的爆發戶。韓南指出第九篇〈鶴歸樓〉則是將李漁人生哲理說得最為清楚的一篇。小說中表現他所重視的人生哲理，即為「安份守己」，如果有極大的好運，應該認為是暫時的，要準備會有厄運到來。李漁對於「情」的態度是有所保留的，因為若把「情」絕對化是有違於他的哲學思想的。

韓南提到第十二篇〈聞過樓〉則是入話的自傳性程度最高的一篇。小說描寫主人公恬淡自守，有歸隱之志，歸隱後居住鄉間，殷太史與器重他的人出奇計將他勸回城中。在小說的最後，敘述者對於賞識主角並出計的殷太史讚賞更重於主角，敘述者認為這樣居高位但能納忠言的人很少，就是他難能可貴的地方。韓南認為，這篇小說也許反映了李漁嚮往被達官貴人所庇護的情況。

李漁的哲學小說有趣的是，他在傳統常見的思想上還加上了自我特色的那部分，第四篇〈夏宜樓〉就是如此。這篇故事只要是一篇浪漫喜劇，其中最特別的是加入一樣機巧事物——千里鏡，除讀者與主人公外，其他人都認為這是超自然的神仙之物。這篇小說中最出色的部分是，描寫姑娘脫衣下水採蓮的戲劇場景，這是小說提綱挈領的畫面，也是李漁精緻的描寫色情場景的突出表現。從場景描寫也可以看出李漁的戲劇性結構，第一回是以女主角的視角來寫這一超自然事情，第二回則以男主角視角解釋事情發生的真實原因。而事情的謎底揭開後只有男主角及讀者知道真相，因此女主角仍然認為男主角是神仙，第三回的喜劇性因此產生。小說中也表現男女主角心理的情慾，證明作者認為人的情慾是正常的。

　　第七篇〈拂雲樓〉則寫一位富於智謀的侍女，韓南認為這篇故事具有社會反論，因為一個侍女竟然能左右主人整個家庭並讓小姐與她同嫁一夫。她在故事中是個講求實際效果的計謀者，她操縱主人一家實際上不只為他們得利也是為自己的利益著想。韓南指出，這篇小說也和李漁多數的小說一樣，在敘述中都帶有反照式的評論。第五篇〈歸正樓〉用的也是一個熟悉的題材，一個聰明的竊賊，韓南指出這種題材在其他白話小說中也有出現過，李漁的這篇小說顯然是受了馮夢龍〈宋四公大鬧禁魂張〉及凌濛初〈神偷寄興一枝梅，俠盜慣行三昧戲〉的影響，這幾篇小說有許多共同的因素。三篇故事中，都有一個有才華的年輕竊賊通過師傅的考驗、善良天性且劫富濟貧、為證明自己而遠遊京城、化妝和迷藥的使用等，三篇小說都有懸念，竊賊所施的計謀都要等事後來說明。這篇小說比起前面所做有有些變化，首先他被李漁表現出有情慾，再來充滿李漁惜福安分的思想，最後出家當了道士。韓南認為，李漁對於宗教，佛道作為克制的宗教是不感興趣的，他只將宗教作為贖罪的方式。這篇小說可能是《肉蒲團》這篇長篇小說的原型，兩篇作品中都有這樣一位竊賊，他們的行徑、性格、桃色經驗都相同，也都有丈夫逼妻子為娼並在妓院相會的高潮場景。

　　韓南指出第六篇〈萃雅樓〉寫的是嚴世蕃暴政時三個同性戀的故事。這篇小說中最令人吃驚的是一段關於閹割場面的描寫，寫得非常赤裸，最後還以輕鬆筆調幽默帶過，表現出李漁不論對任何事都能用喜劇態度對應。韓南提到第十篇及第十一篇寫的是與作者同時代的故事，直接或間接的描寫了明末農民起義及清兵入關的事情。前者〈奉先樓〉是描寫較差的一篇，與所有接受滿人統治的作家一樣，李漁用描寫義軍恐怖統治的狀況來歌頌滿人的統治，描述他們是解放者。故事描寫主人公與妻兒失散，最後被清軍所救，而他的妻子又被其中一位將軍收為夫人，兩人重逢後將軍便將夫人及小孩歸還給主角。而隱藏在這篇故事背後還有一個新意，就是道德必須考慮到環境及動機，原本主角妻子將小孩還給原夫後便要自殺保全貞節，但經過許多人勸服才作罷。

　　另一篇〈生我樓〉的入話從李闖（1606～1645）〔註95〕起義的故事說起。

〔註95〕李自成，原名鴻基。明末民變領袖之一，大順政權皇帝。原是陝北驛卒。崇禎帝採信大臣裁撤驛卒的建議，造成失業驛卒武夫起義，李自成參與起義軍。高迎祥被明朝處死後，李自成稱闖王、李闖，成為明末民變領袖之一，率起義軍於河南殲滅明軍主力。1644年在西安建立大順，後進攻明都北京，與崇禎帝談判破裂後，攻入北京城，崇禎自縊，是為甲申之變，至此明朝滅亡。一片石戰役後，李自成退入北京稱帝。

從在義軍中發現一首怨詞開始，這是一個被玷汙的富貴女子所寫，她甚至表現出害怕死去，因為怕在黃泉遇見丈夫。這個入話雖短卻具有李漁少見的直接性，敘述者直接就此引伸出議論，認為能做詩的富貴人家女子都如此，更何況平常人。韓南提到，李漁大部分小說都是以寫人的機智，但這篇小說卻不同，內容充滿了許多錯綜複雜的巧合事件。這篇故事有略帶一點猥褻的變異創新，韓南認為，若依李漁的標準找一篇值得讚賞的小說大概就是這篇了。

韓南提到，李漁豐富的喜劇想像只有後來的《照世杯》能夠可以與之匹敵。李漁小說中反論的思想占主要地位，他是屬於概念的喜劇，情節主要是說明的，人物也是用來體現作者觀點的。然而《照世杯》的喜劇卻是感知的，是作者觀察社會中得到的，想像集中在喜劇場面。比起之前的小說，《照世杯》的結構較為鬆散，也比較沒有像李漁這種將個人因素參雜其中，雖然採取諷刺社會態度卻對當時的政治狀況完全沒有暗示。

《照世杯》的作者只署名酌元亭主人，小說集中共四篇故事，不分章回。小說風格生動、口語化，用典多取有喜劇價值意義者，用韻自由。入話多為簡短介紹，具有世俗機智感，而非鬧劇式的遊戲概念。除入話外，用評論的方式較為少，多作為人物的反諷，與《儒林外史》〔註96〕有相似之處。

第一篇〈七松園弄假成真〉是才子佳人故事諷刺版本，主角才子由於天真浪漫，一次又一次陷入喜劇性的不幸。第二篇〈百和坊將無作有〉則是對假斯文的強烈諷刺。韓南認為這篇是四篇中最差的一篇，因為作者對於假斯文的厭惡強烈到，文章的後半段都變成了長篇的激情演講。後面兩篇表現出逐漸寬廣的想像，第三篇〈走安南玉馬換猩絨〉充滿了異國情調，小說中描寫越南人和中國人愛好物品的對比。最後一篇〈掘新坑慳鬼成財主〉則是寫一個吝嗇土財主靠「掘新坑」致富的故事。這篇小說對故事中許多角色都有絕妙的諷刺，但和小說一開始宣稱的主題「人要忍氣，否則會招禍」完全無關，韓南認為，這可能是作者為了自己的諷刺目的，已經打破傳統小說正規的道德框架了。

二、韓南之艾衲白話小說研究

這節要討論的另一位文人是艾衲，韓南認為，艾衲居士的「居士」可以解釋為隱逸者或佛教信徒，這裡因為艾衲的名字，應做後者解釋。《豆棚閒話》

〔註96〕《儒林外史》，中國清代章回小說、長篇諷刺小說，作者吳敬梓，全書共五十六回，描寫了康雍乾時期科舉制度下讀書人的功名和生活。

在序部分引用很多典故，從這裡可以看出作者富有才華，韓南指出，或許艾衲就是寫關於濟顛長篇小說的校訂者王夢吉〔註97〕或是他的友人之一。艾衲的《豆棚閒話》便是出版於此之後不久。《豆棚閒話》的故事設定是在清朝之後的一段時間，因為故事中有一些老人能回憶起農民軍起義的情形。後有出版一部《豆棚閒戲》〔註98〕，裡面有三齣戲劇是出自《豆棚閒話》的。

韓南指出，小說集的開頭是從一冊詩集《豆棚吟》開始的，《豆棚閒話》就是作為這本詩集的續篇，全書的故事敘述場景就是在「豆棚」。小說集分為十二則故事，分別紀錄從春到秋全年在豆棚下的十二次聚會。前十一則是數個故事的組合，最後一則是敘述城裡來的齋長〔註99〕的議論。豆棚下的十二次聚會構成一個框架故事，韓南認為這也是中國文學史上第一個框架故事。可惜的是，這樣的框架形式，後人沒有模仿著作。

不同於一般白話小說，韓南指出，這本小說集每次集會故事都會有一個背景敘述者。全書總共使用九個以上的敘述者，這些敘述者都沒有名字，但是每個敘述者都有各自特定的觀點。韓南認為在故事集中的豆棚下，也存在著「代溝」，有對世事採取嘲諷態度的耆老、浪漫思想的青年等，還有一些與年齡性別無關的爭論，如對佛教及其他事物觀點不同的看法。

豆棚這個背景除了指出故事敘述的地點外，也表現出時間點，這十二次聚會剛好經歷了豆棚上豆子的一生，從種豆到豆死，每次聚會都用豆的生長來表現。韓南認為，作者用了許多的技巧從豆出發引出每個故事的主題，有聯想、象徵或比喻等。韓南也指出，《豆棚閒話》不只改變了舊時的敘述習慣，去掉敘述者的判決效果，也放鬆對情節架構的要求，如最後一則故事只是講學和討論也可以成為一則故事，這是以新的形式作為結束。早期小說作者會認為結尾處所寫的，充滿含糊又豐富，留下許多想像空間的說法不夠完整，但韓南認為，這反而是一種引人注意的結束方法。

除了結尾處的創新寫法，韓南指出在小說集的故事中也有一些開頭具有創新處。他認為艾衲使用了文言散文簡潔生動的語言然後用說書人的口氣描寫出來，是屬於不同於職業說書人的口頭即興小說。而在小說集中，有一些使用第一人稱說明情況的段落，使韓南難忘。

〔註97〕王夢吉，生卒年不詳，字長齡，號香嬰居士。著有麴頭陀新本濟公全傳三十六則，《中國通俗小說書目》傳於世。
〔註98〕雜劇名，清範希哲《三幻集》之一。
〔註99〕宋學校職事名，舊時稱學校齋舍中指導學生的人。

　　韓南認為，艾衲的小說不能使用一般的標準來判斷，他所關心的是描寫出來的驚人事實及對故事的解釋，而不是對故事人性的描寫及戲劇化的故事。艾衲的目的是寫出有思想的小說，他喜歡運用富含模糊意思的歧義。韓南指出，他從來不寫傳統儒家的道德小說，他關心利他主義的道德、遊俠精神等，他討厭浪漫愛情及歸隱避世，他所著重的是歷史的因果關係，即是宇宙的善惡。

　　在艾衲之前，人們普遍認為宇宙中有一種決定賞善罰惡的道德標準，然而因為滿族入侵造成一種改變事實的出現，因此人們開始懷疑這種宇宙準則的存在與否並思考後續的行動。是應該順應新朝還是反對，或是超然的置身事外。韓南認為簡單來說就是面對一種新的宇宙秩序，人們應該如何調整個人的思想認知。

　　韓南認為，艾衲小說中存在著主導思想，即是懷疑、辨別及抨擊舊觀念，應該以虛構小說的手段下去欣賞，小說中用的是機智且間接的諷刺。艾衲的小說有許多取材自被尊崇化的神話或傳說，他以對宇宙道德原則的懷疑出發，用諷刺的筆法來處理，韓南認為，這樣的手法只有十七世紀時的諷刺戲劇可以與之比較。

　　韓南就其《豆棚閒話》內容做一簡單分析，他認為，最能夠闡明艾衲意思的是最後一篇，第十二則〈陳齋長論地談天〉的故事，他提到，一部白話小說以這樣的方式做結束是非常異常的，雖然前面已經鋪陳了許多故事，但讀者尚未進入思想的轉變，小說卻結束了，是讀者沒有料到的。故事中的主要人物是陳齋長，他在豆棚中的講學表現出他的使命感，他對世界的開創做了一番完整的描述，接者全面的抨擊佛、道及各種宗教的說法，輕而易舉的一掃人們所相信的抽象觀點。但在豆棚聽眾的一一反問後，卻越來越處於防備姿態，對許多問題採取迂迴、迴避的態度。他對於滿人入侵的想法是令人詫異的，陳齋長認為這件事是因為宇宙之氣在自動的調節人口，認為滿人是宇宙暫時的工具，在世界運行的要求下可以創造事物也可破壞事物。

　　韓南認為，這篇故事還有其他含意，它抵消了前幾篇的神話材料。最值得注意的是最後老者所說的「天下事被此老迂僻之論敗壞者多矣，不獨此一豆棚也。」是關於中國當時世運的因果問題，陳齋長把這歸於儒家教條之過，而這長者也將明代滅亡歸於此。艾衲對於這樣複雜的歷史問題，書中並沒有簡單清楚的說明原因，而是採用多方面旁敲側擊來表現出來的。

在第十一則〈黨都司死梟生首〉中，艾衲提出明代滅亡的責任和當時人民痛苦流離的原因。這則故事中有兩個故事，第一個故事寫一人在起義軍起義時逃難途中被斬頭，但是因為命不該絕，在無頭的情況下繼續活了下來，具有軼事的特色。在第二個故事裡，他把明代滅亡的原因歸為兩個，一是政府無能導致盜賊和起義軍的猖獗；第二是政府裁撤了全部驛站馬夫的錢糧，他們為了生活只好群起為盜。

第七則〈首陽山叔齊變節〉則是和陳齋長思想關係密切的一篇，也是將神話的故事重新改寫的出色例子。韓南指出，在故事中表現出許多議論都導向不得不接受新朝的適時，評論者也認為這種思想是針對那些「假清高」隱身世外對亡國仍效忠的人的反諷。韓南認為艾衲的小說預示了魯迅的〈采薇〉〔註100〕，雖然前人對於伯夷叔齊的故事都有一些議論，但真正在這問題上徹底翻案的第一人是艾衲。艾衲及魯迅反對將舊時故事浪漫化，反而將伯夷叔齊處理成愚蠢的人。

魯迅將伯夷寫成衰老的老人，所做的行為也怪誕可笑；艾衲則將伯夷寫成一個完全不接觸現實的孤獨者，並讓其重新考慮對於亡國的「忠」是否正確。艾衲的小說中有一段叔齊的獨白，這段獨白處理得相當露骨，表現出自私的想法。艾衲在描寫叔齊時讓讀者看到，叔齊不僅是一個投機者更是一個現實主義者，他選擇了明智合理的答案。韓南認為，艾衲在描寫叔齊時是貫徹自己的思想邏輯，如果宇宙並非按照道德標準，他認為那就不應該將歷史上的叔齊寫成一個有道德的人，而是應該將他寫成一個機靈不為道德所束縛，並計算自我利益的人。

與第七則對應的是第八則〈空青石蔚子開盲〉，這篇企圖用佛家和道家的幻想再次說明與前面相同的哲學問題。小說中寫得最好的形象是兩個瞎子，韓南認為，這兩個瞎子所代表的是幻滅感，他們一心想睜開眼睛看世界，但恢復視覺後卻對現實世界不能忍受，因此到酒罈中的「忘鄉」找出路。評論者也說，這樣的沈醉，是艾衲逃避失望感的一個依靠。

另外小說集中還有兩則故事是將舊案翻寫的，首先是第一則〈介之推火封妒婦〉，故事中把傳說自我犧牲的典型忠孝人物，翻寫成一個迷戀且怕老婆的

〔註100〕 出自魯迅《故事新編》，這是魯迅的一部短篇小說集，收錄了他在 1922 年至 1935 年間根據古代神話、傳說、傳奇所改寫的短篇小說八篇，包括〈補天〉、〈奔月〉、〈理水〉、〈採薇〉、〈鑄劍〉、〈出關〉、〈非攻〉、〈起死〉。

男子。原本的故事中介子推在晉文公歸國復位後就回家侍奉母親並歸隱深山，後來晉文公派人去找他要賜他高官厚奉，但他不出山，使者只好燒山要逼他出來，最後卻燒死山中。在《豆棚閒話》中，代替介子推母親地位的是他的恩愛妻子。因為當初介子推離家時並未向妻子說明，他在外十九年無法與妻子通信，歸國後馬上回家與妻子團聚，而十九年間妻子因愛生妒，將回來的介之推用繩索綑綁在自己身邊。使者來時因為無顏相見，來使在外面放火，他也在裡面放火，使自己和妻子燒死在裡面。這篇翻案故事諷刺了婦女和婚姻，但是卻避開了道德說教，並將原本故事的道德意義給除去。

其次第二則〈范少伯水葬西施〉，也跟上一篇一樣從老年人及年輕人的辯論中引出來的，老人堅持才子佳人小說中才、貌、德、福四者兼具的女子不可能在現實中出現，而年輕人則舉西施為例，因而引起對西施傳說的翻案故事。這篇故事除了翻案外，更在另一層意義上表現了老者從智力及道德兩方面批評西施的意思。韓南指出，從敘述者的說法作者應該是不贊同西施這種極端的愛國主義，作者認為西施應該致力於兩國的和解，比較合乎理智上的行為，也比較現實。

其他幾則也有與上述主題相關的故事，第六則〈大和尚假意超昇〉寫一和尚假裝超昇騙取錢財的故事，艾衲不只譴責和尚，也譴責寺院相關人員、佛教支持者和假清高的告老還鄉的官員。第三則〈朝奉郎揮金倡霸〉寫一英雄幫助唐太宗興國，也表現出艾衲必然的歷史觀點。第四則〈藩伯子破產興家〉及第五則〈小乞兒真心孝義〉則是推崇遊俠式的利他主義的故事。第十則〈虎丘山賈清客聯盟〉則是對蘇州幫閒的嘲諷，帶點猥瑣意味。韓南認為這幾篇不是那麼重要。

韓南提到，在所有艾衲大量反諷中，唯一沒有波及的就是唐吉軻德式[註101]的利他主義，和提供人們對自己及世界進行思考的「閒」了。

韓南提到在《豆棚閒話》後還有一些小說集值得一提。他首先提到《西湖佳話》，此書編者顯然知道周楫的《西湖二集》，還改編了其中一篇作為自己的

[註101]　《唐吉訶德》是西班牙作家 Miguel de Cervantes Saavedra（1547～1616）於
　　　　　1605 年和 1615 年分兩部分出版的反騎士小說。故事背景是個早沒有騎士的
　　　　　年代，主角唐吉訶德幻想自己是個騎士，因而作出種種令人匪夷所思的行徑，
　　　　　最終從夢幻中甦醒過來。書中主角唐吉訶德的評價呈現多樣化，他被一些人
　　　　　視為堅持信念、憎恨壓迫、崇尚自由的英雄，又被另一些人當成沉溺於幻想、
　　　　　脫離現實、動機善良但行為盲目且有害的典型。

小說，然而他的小說集卻沒有周楫那種政治感慨和個人情緒，只單純欣賞杭州文化史上的浪漫傳說。情節結構較為鬆散，雖然優美卻有些平淡。

其次是《人中畫》、《五色石》及《八洞天》這些小說集都結合了浪漫喜劇和道德寓言，有的是兩者兼具。他們或許反映了當時的思想，認為服務公務是麻煩危險的差事。這些小說雖然與其他小說沒有差別，但是韓南認為，道德寓言為它本身做辯護卻是少見的。

接著韓南提到《醒夢駢言》，這個故事集都是以《聊齋誌異》的故事來寫的，所選的故事都是具有完整故事內容，從道德觀點看人際關係的特點，是最接近白話小說的。作者的道德觀與凌濛初的相似，但更加強調浪漫情感。甚至在其中一篇表現出謹慎的道德觀與情的價值衝突。

韓南指出，這時期有一位作者值得一提，就是石成金。他是中國白話小說史上第一個署真名的作者，具有簡單的審美觀及很深的道德觀念，發表許多作品都是屬於說教式小說。《傳家寶》作者刻意地向廣大的讀者發話，從最簡單實際忠告的人到被超自然佛教吸引的人，全書以白話寫成。作者也曾表示，飽讀詩書的人會輕視他的作品，但對於文盲和半文盲而言，他的作品是有益處的。

韓南提到，他的小說作者自稱目的在用白話紀錄揚州近事，並指明道德報應的作用。小說的作者也是敘述者，將故事說成幾乎是事實或是從他人那裡聽來的傳說。韓南認為，石成金的小說中最令人注意的應該是材料及故事中表現的作者理想。

另一個韓南提到的作者是《娛目醒心篇》的杜綱，這也是最後一部重要的小說集。韓南認為，杜綱是一個有學問的人，功名失意，寫書的目的主要是自娛，他的小說是記實的，因此比起虛構的故事更加優秀。他受前人白話小說的影響很深，曾經將馮夢龍、凌濛初、李漁等人的作品寫入自己的入話。而他的《娛目醒心篇》最後一篇則類似《豆棚閒話》的結尾，他的正話大多用敘述的方式，但也有用師生間問答的方式。

《娛目醒心篇》中的一些小說與早期小說的關係相當密切，他的小說一般是由兩三個細心結構的回目組成一篇，跟李漁的作品相似，卻不像李漁用幽默做結尾。正話故事含有大量的評論，有道德的也有解釋的。敘述者口氣有時嚴肅、有時憤慨、有時反諷，偶而也有涉及淫穢的幽默，但絕無猥瑣。一般來說，韓南認為杜綱的愛好範圍與凌濛初及李漁相似，他們都選取在現實世界中新奇有趣的故事。

　　韓南提到，他這個集子的道德份量僅次於《醉醒石》。他特別注意道德行為和預定命運之間的關係問題，大多的篇章都著重在這裡。總的來說，他認為如果人做了好事，天道絕對不會不給予回報的。杜綱對於道德行為的信念貫串全書，許多篇小說中都有道德英雄主義的人物，他與古狂生相當接近，不認為人應僅作為一個作家。

三、韓南之李漁、艾衲白話小說研究析論

　　韓南對於李漁與艾衲白話小說的研究主要分為以下幾點：首先韓南分析李漁的文學主張及其作品的內容，他認為李漁最突出的是他的美學價值觀。他存在著一種既是享樂也是審美的觀點，李漁是一位快樂的哲學家也是藝術家。他認為文學的獨創性最為重要，但是卻不能偏離個人的實際經驗，不能延伸到超自然和幻想上。而李漁的小說與戲劇是關係最密切的體裁，因為他也是一名成功的劇作家。韓南認為，李漁要求戲劇是要語言淺白、結構有條理、少用方言及典故、要能被理解的。韓南認為李漁的小說帶有明顯的個人風格，他就李漁的短篇小說《無聲戲》及《十二樓》來做一探討。

　　其次，韓南討論艾衲的白話小說，他將艾衲放在最後一章來討論並不是意味著白話小說的結束，而是因為它本身的作品形式標誌著和馮夢龍等同時代人所採用，又與李漁的小說形式不同，他也標誌著中國白話小說本身的模式。韓南認為艾衲的小說不能使用一般的標準來判斷，他所關心的是描寫出來的驚人事實及對故事的解釋，而不是對故事人性的描寫及戲劇化的故事。他的目的是寫出有思想的小說，他運用許多富含模糊意思的歧義。艾衲關心利他主義的道德、遊俠精神等，他所著重的是歷史的因果關係，即是宇宙的善惡。韓南認為，艾衲小說中存在著主導思想，即是懷疑、辨別及抨擊舊觀念，小說中常用機智且間接的諷刺。艾衲的小說有許多取材自被尊崇化的神話或傳說，他以對宇宙道德原則的懷疑出發，用諷刺的筆法來處理。韓南認為，這樣的手法只有十七世紀時的諷刺戲劇可以與之比較。韓南接著分析艾衲《豆棚閒話》中所富含的意義。為檢視韓南的研究論點，下面筆者試列點討論。

（一）李漁的白話小說研究

　　韓南認為李漁的美學價值觀最為突出，李漁認為文學的獨創性最為重要，但是卻不能偏離個人的實際經驗。而李漁的小說與戲劇是關係最密切的體裁。韓南認為，李漁要求戲劇是要語言淺白、結構有條理、少用方言及典故、要能

被理解的。韓南認為李漁的小說帶有明顯的個人風格,首先是《無聲戲》裡韓南認為李漁非常突出的以推翻古老定論的社會反論為中心,他所推翻的正是過去小說中認為應該重視的論點,如才子配佳人等。而在《十二樓》的命名是因為李漁本人熱衷於建築。這裏的每座樓都有其意義,每一篇都是多章回的、有比較複雜的情節連貫處理,且它的各個章回都有其開頭跟結尾,提供敘述者更多評論的機會。

為檢視韓南的研究論點,筆者首先考察學界對李漁白話小說的研究看法。楊義認為李漁代表的是話本小說書面化的時代,促進這種文學形式由俗入雅,更加深刻的文人化、個性化。李漁認為,創新求變是關係到一種文體能否變陳腐為鮮活的生命力,這樣的創新精神也貫徹在他的作品中。楊義指出李漁革新話本小說最引人注目的地方就是在這樣的文學形式中注入自我。他在藝術虛構的世界裡,以主體自由想像消解和動搖現實社會中綱常倫理的嚴密而笨重的結構。李漁也將這樣的自由表現在作品風格上,他強調自由的「笑」。由於他將文體創新和個性表現結合起來,他創造了中國話本小說的「有我之境」,可以從小說中一窺他的人生趣味和精神理想。

楊義指出李漁最終的目的是要走出「三言二拍」的描寫模式和語言規範,在這樣的傳承和走出的張力間,李漁尋找著街談巷語和個人心靈的契合點,把自己的感覺、體驗、趣味和情感投入到話本小說的語言中。他的語氣風格體系雖然不如「三言」那麼凝重厚實,卻別有一番個人化的雅趣和靈氣,增強了語序關係的柔韌感和微妙性,因而也就更富有「文人文學」的意味〔註102〕。

杜濬認為李漁小說的寫法與戲曲有異曲同工之妙,《無聲戲》以故事新奇見長,故事內容大多是輕鬆的喜劇和鬧劇。在《無聲戲》的內容中可以看出,李漁歌頌和讚揚的、鞭撻和恥笑的都有正確的內容。李漁一方面是社會罪惡的揭發者,一方面又是封建道德的說教者,展現了他思想的複雜性。杜濬指出李漁在描寫社會弊端時,實際上並不了解社會的病根,因此他試圖解決社會矛盾時,只能落入封建倫理道德的老生常談,離不開三綱五常來挽回淡薄的世風。李漁對人物的刻畫較為重視,認為人物要具有鮮明的性格,要做到一人一故事。《無聲戲》結構嚴謹縝密,情節曲折多變但又脈絡分明。作者的語言明白易懂,敘述中多用戲謔詼諧之言,讀來生動流暢、妙趣橫生〔註103〕。

〔註102〕見楊義:《中國古典小說十二講》(香港:三聯書店出版,2006),頁132~158。
〔註103〕見杜濬:《無聲戲》(北京:人民文學,2006)。

　　接著杜濬談到《十二樓》,《十二樓》的體制受明末《鼓掌絕塵》等小說影響,打破了「三言二拍」一回一個故事的傳統形式。《十二樓》中的各篇構想都別出心裁,不落俗套。杜濬指出由於李漁視小說為「無聲的戲曲」,因此他十分注重篇章的佈局、故事的波瀾、情節的曲折、懸念的設置與人物神態的描寫。同時李漁善於提煉民間文學的口頭語言,文筆奇麗輕巧,婉轉自如,寫世態人情細緻入微,因而使作品有較強的藝術感染力〔註104〕。

　　王汝梅認為李漁對小說理論及創作有許多貢獻,首先他頂著輕視小說、禁毀小說的逆流,視自己的小說作品為得意之作,躬身實踐、精心創作小說。其次他闡明了藝術虛構在小說創作的重大意義。第三他主張獨創、追求新奇。他將「新、奇、美」結合起來,認為奇才能新,新奇才能美。他反對抄襲、摹仿,主張作品要「有我」。最後是反對小說戲曲涉及荒唐寫鬼怪,主張寫人情物理。王汝梅指出但是在李漁寫人情物理時,會與他的封建倫常觀念產生連結。往往包含了君臣父子、忠孝節義等內容〔註105〕。

　　蕭欣橋認為李漁的小說具有三點特色,首先是故事新鮮奇特,情節波瀾起伏。其次是結構單純,主線明確,前後照應周到。最後是語言通俗淺顯,生動流利,涉筆成趣。他認為李漁的小說創作在思想內容方面,儘管有一些是供士大夫階級和市井小民階級消遣解悶之作,且不少作品格調欠高。但就整體看起來,還是在一定程度上反映了那個時代社會的生活。在藝術表現方面,卻有不少獨到之處,如刻意創新精神、情節結構技巧、語言的通俗、豐富和生動等,至今仍值得後人學習〔註106〕。

　　傅承洲認為李漁在前人的創作基礎上加工、改寫的做法也存在著重大的缺陷。他不是從生活出發,而是從觀念出發。他對前人的作品,贊成的加以補充和深化,反對的則予以擔負和重構,人物和情節取決於前人作品和李漁的態度。因為這些話本基本上沒有生活的累積,沒有感情的投入,李漁總是用旁觀者的身份,冷靜的觀察他筆下人物的所作所為,不時插入一些無關痛癢的評價。傅承洲指出雖然李漁標榜創新,但真正具有新意的小說卻不多,而這也是李漁難以超越馮夢龍與凌濛初等晚明作家的重要原因〔註107〕。

〔註104〕見杜濬:《十二樓》(北京:人民文學,2006)。
〔註105〕見王汝梅、張羽:《中國小說理論史》(杭州:浙江古籍,2001),頁131～136。
〔註106〕見蕭欣橋、劉福元:《話本小說史》(杭州:浙江古籍,2003),頁394～400。
〔註107〕見傅承洲:《明清文人話本研究》(北京:人民文學,2009)。

綜言之，筆者認為韓南與中文學界的大致看法是一致的。李漁的美學價值觀是最為突出，他認為文學的獨創性最為重要，但是卻不能偏離個人的實際經驗。且李漁的小說與戲劇是關係最密切的體裁。他要求戲劇是要語言淺白、結構有條理、少用方言及典故、要能被理解的。李漁在汲取前人的理論成果基礎上，結合自己的藝術實踐經驗，對中國古代戲曲理論進行了全面的總結，從而形成了一套內容豐富、自成體系、具有民族特色的戲劇理論體系。他的《閒情偶寄》是中國歷史上第一部系統的戲劇理論著作，是中國古典戲劇理論集大成之作，是中國戲劇美學史上的一座里程碑。

在文學上，筆者認為《無聲戲》在題材上繼承了自明代「三言」「二拍」以來話本小說的傳統，寫的都是俗人俗事。且大多做道德勸戒，善惡有報等觀念說教。但李漁所鼓吹的道德卻其相反，對待男女愛情婚姻題材，李漁抱有一種通達寬容的態度和成人之美的心情。而《十二樓》則旨在勸善懲惡，並反映出亂世的社會觀。李漁善於以戲劇衝突來安排情節，使文章達到起伏多變，出人意表的效用。透過人物的語言，行動，貼切鮮活地表現出人物的個性，其文字的運用，更不時充滿尖新與機趣，各篇有不同的境界與風趣。

（二）艾衲的白話小說研究

韓南認為艾衲的小說不能使用一般的標準來判斷，他所關心的是描寫出來的驚人事實及對故事的解釋，而不是對故事人性的描寫及戲劇化的故事。他的目的是寫出有思想的小說，他運用許多富含模糊意思的歧義。艾衲關心利他主義的道德、遊俠精神等，他所著重的是歷史的因果關係，即是宇宙的善惡。小說中常用機智且間接的諷刺，他取材自被尊崇化的神話或傳說，用諷刺的筆法來處理。

韓南接著分析艾衲《豆棚閒話》中所富含的意義，在《豆棚閒話》這本小說集中，每次集會故事都會有一個背景敘述者。全書總共使用九個以上的無名敘述者，但是每個敘述者都有各自特定的觀點。韓南認為在故事集中的豆棚下，也存在著「代溝」，有對世事採取嘲諷態度的耆老、浪漫思想的青年等，還有一些與年齡性別無關的爭論，如對佛教及其他事物觀點不同的看法。韓南認為最能代表艾衲思想的是最後一篇〈陳齋長論地談天〉。

為檢視韓南的研究論點，筆者首先考察學界對艾衲白話小說的研究看法。劉福元指出《豆棚閒話》的結構獨創，是具有開拓意義的革新。《豆棚閒話》是十二篇短篇話本小說，但是這十二篇又藉助在豆棚下講故事串連為一個整

體。它處理歷史題材將歷史改寫而達到絕新絕奇,在現實題材也這樣要求。《豆棚閒話》對當時的社會面貌多有展現,在描寫歷史題材時雖然筆涉歷史卻無不影射現實。在文中也同時提到儒林醜態、官場黑暗,還針貶了當時社會的種種弊端。他認為《豆棚閒話》對歷史人物的翻案處理頗有新意,在書中化嬉笑怒罵為文章,文筆雅潔豐贍,卻是話本中少有的。然而,像這樣的作品雖然新奇,卻未能將人物豐滿起來。藝術缺陷的增多,伴隨著思想侷限的加大,雖然是處於話本小說史上第二個繁榮期,卻也潛伏了衰落的危機〔註108〕。

　　傅承洲認為艾衲的探索更具有創造性,他以豆棚為主將十二篇話本連為一個整體,在話本的連綴形式上是一重大突破。作者藉由豆棚的變化將故事串連起來,這種獨特的連綴形式與國外小說《十日談》〔註109〕、《一千零一夜》〔註110〕極其相似。傅承洲指出《豆棚閒話》的敘述人安排獨具匠心,全書十二篇有一個背景交代者,但他並不是所有故事的講述者。敘事人的發現是西方敘事學的重要貢獻,對現代小說的創作產生了深遠影響。中國古代小說並沒有這種理論指導,很少在敘事角度上花樣翻新,幾乎無一例外地模仿說話人給讀者講故事的敘事人模式,不會有任何變化。艾衲突破了這種敘事模式,將話本小說的敘事藝術提到了一個高的境界,遺憾的是後人並沒有仿效的〔註111〕。

　　陳大康認為,艾衲痛恨當時的人情淡薄與世風衰頹,他不願隨波逐流卻也無力力挽狂瀾。而且時代環境與歷史因襲的重壓又使他找不到社會的出路和生活的真理,《豆棚閒話》就是在此所產生的。艾衲編撰叔齊歸降的故事以諷刺失節之士,雖然他對亡明有懷念之心,卻又不贊成起義興師去反清復明,相反的他主張接受現實,承認清朝的統治做一個順民〔註112〕。

　　劉勇強認為,《豆棚閒話》採用了靈活的敘述角度,敘事者與接受者之間的討論構成一種眾聲喧嘩的思想表現方式,他們營造出一個共同的意識,對他

〔註108〕　見蕭欣橋、劉福元:《話本小說史》(杭州:浙江古籍,2003),頁421。
〔註109〕　《十日談》是義大利文藝復興時期作家喬萬尼・薄伽丘所著的一本寫實主義短篇小說集。其內容故事來源廣泛,取材於歷史事件、義大利古羅馬時期、法國中世紀的寓言、東方民間故事,乃至於宮廷傳聞、街談巷議,兼容並蓄,熔鑄古典文學和民間文學的特點於一爐。
〔註110〕　《一千零一夜》又稱《天方夜譚》,它是一部最早誕生於古波斯文明時代的故事和之後的阿拉伯時代的民間故事集。源於東方口頭文學傳統,於9世紀左右以阿拉伯文成書。
〔註111〕　見傅承洲:《明清文人話本研究》(北京:人民文學,2009)。
〔註112〕　見陳大康:《明代小說史》(北京:人民文學,2007)。

們來說，歷史情境的重現與其說是為了還原歷史的本文，不如說是要表達一種對自我的肯定。劉勇強指出，特別在《豆棚閒話》的最後一篇，艾衲在虛擬的儒、釋、道思想交鋒中，讓所有執其一端的人都感到索然無味，表明他善於解消卻無意建構的思想特點，這反而使作品帶有些許現代小說自由開放的意趣〔註113〕。

　　綜言之，筆者認為韓南與中文學界對於艾衲的看法是相同的。他們皆重視艾衲對於敘述者轉變的認同，也對於艾衲書中對於道德、觀念的思想看法表示讚賞。《豆棚閒話》成書在清政權穩定後的一段時期，由於艾衲由明轉入清政權統治，心中多憤激之情。因此《豆棚閒話》中不少篇目都不同程度的反應明代末年的社會現實，或直接抨擊或諷刺投靠清政府的明代士大夫文人，或揭露明末吏治腐敗，世風日下人情淺薄的現象。此外，他還鞭撻了無賴幫閒的醜惡靈魂，對明末官逼民反的社會現實，亦時有觸及。

　　艾衲藉由書中人物的激烈辯論表達他的思想，但他卻不曾表明，而是使用隱晦的字句讓讀者進行思考。筆者認為，雖然艾衲對中國白話小說的貢獻在於他特殊的敘事者觀點、突破傳統的故事結構以及新奇的小說結尾，但中文學界對於艾衲的地位卻不甚重視，反而是韓南將艾衲作為一重要人物，在他的《中國白話小說史》中佔了重要的一章節，這是值得中文學界所注意的地方。

　　綜上所述，韓南在晚期中國白話小說中研究探討的，幾乎是以判斷出作品的作者風格去研究其單篇小說，他以「風格判準」得出「三言」中《醒世恆言》與其他兩本不同，主要執筆人應是席浪仙。再者他對於李漁及艾衲的評價頗高，並認為《豆棚閒話》在中國白話文學上的地位意義非凡。但是，韓南研究的晚期中國白話小說，與中文學界的研究結果大致上是相同的，主要在他運用敘事學西方文學理論對中國古典小說的研究提出了新的事證及看法。總的來看，韓南嚴謹的研究方法，是值得中文學界所借鏡的。

〔註113〕　見劉勇強：《話本小說敘論：文本詮釋與歷史構建》（北京：北京大學出版社，2015）。

第五章　韓南之中國白話小說研究方法析論

第一節　小說語言和敘述形式

　　中國文學中的語言應用有許多種，韓南認為要說明語言互相間的關係及各自的功能，最好的方法是舉實際的例子說明。例如他舉馮夢龍為實例，他認為馮夢龍生養在有教養的書香世家，根據時空背景及所受的教育，馮夢龍寫作時必然是使用文言文，然而除了一些歌謠外，馮夢龍卻寫作了不少白話作品，沒有一篇作品是全部使用文言文的。韓南提到在當時文言雖然已經不作為口說語言使用，但是仍是上流社會及知識份子所使用的書寫語言。韓南更指出，馮夢龍用來寫作的白話，也不是他的家鄉口說方言，而是距離更遠的半標準北方話，可能是在唐代以後，北方話就被認為是白話文的通用語言了，並流行於廣大中國地區。

　　韓南提到，雖然馮夢龍的文字有時會露出南方地區的特色，但並不明顯，因為雖然各地方言、發音不同，但所使用的文字是一樣的，地方特色就容易被掩蓋了，並且為了讓讀者容易理解，白話作者也力求避免使用過於生僻的語言文字或方言。韓南認為就文本分析來說，馮夢龍至少掌握兩種語言，一種是本地大眾的語言，另一種是北方語系的上層階級語言。而用來寫作的語言則有兩種或三種，一種是文言，另一種是露出一些南方語言的北方話，最後則是用來寫詩歌的蘇州方言。

　　韓南認為文言之所以成為在中國長期所使用的書寫文字，是在於它所提供給社會的使用功能。中國書面文字始於周朝，書面文字主要提供行政及法律文件的書寫紀錄方式，及作為學習歷史文化的一項工具，標準的書面文字必須具備定型的風格並具有一定的原文範例。中國文言文正好符合這種資格，於是作為歷朝歷代政權統治的官僚機構文字是再適合不過了，儘管中國多次的改朝換代，這樣的官方書寫文字仍然不受影響。

　　書面文字主要有三樣特點，精選性、均一性及保守主義。中國文言文則三種特點皆具備，首先它是官方制定的語言，符合精選性；再者這是屬於一種過分得體的文字，具有一定的規範及格式，符合均一性；最後保守主義也被稱為穩定性，文言文流傳通行千年以上，便是達到極致。韓南也提到語言類比，他認為文言文與中世紀的拉丁文如同一種相似的情況，這兩者皆被近代語言所替代，但韓南認為，這兩者間還是存在一些差距，拉丁文雖然被替代，但作為使用該語言的群眾早已消失幾百年了，拉丁文只存在於宗教中。然而中國文言文與白話文的替代卻不過是一兩代人之間的事情而已，而且在十九世紀末，甚至還存在著藉由改革文言文，讓文言文繼續做為書寫文字存在的想法。

　　在文言文作為書面文字的時期，並沒有人提倡以白話取代文言，有些文學家曾經讚揚白話文，但是是以文言文來表達讚賞，而讚揚的也只是白話文文學作品本身的價值，並非作為書面文字的價值。韓南認為，如同阿拉伯文、希臘文、梵文及斯拉夫文等，將一種不是用於口頭語言的文字作為書面文字保留下來的並非罕見，當社會上感到與舊文化有關，令人尊敬、具有古典形式的相關事物時，就會出現將舊語言保留的情況。

　　韓南認為，白話文是作為標準語言的補充，與口頭文學關係密切。白話文從口頭文學獲得形式，也獲得讀者認可的條件。白話文學，還有混雜兩種目的的使用，而白話小說的狀況較為複雜，作為口頭文學的紀錄文本或創作的腳本，往往是在形式上較為接近口頭文學的，而與口頭文學形式關係較遠的則屬於模仿的作品。口頭文學的研究者通常也是記錄者，韓南認為從他們紀錄的文本上也可以看出過去運用白話紀錄口頭文學的狀況。他認為，用白話寫作，有時是為演出使用，有時為閱讀使用，還有混雜兩種目的的使用，而白話小說的狀況較為複雜，但若是作為供閱讀專用的白話小說，也就不屬於口頭文學了，只是在某種程度上保留了口頭文學的形式。

一、白話文學的發展狀況

　　韓南認為中國真正的白話文學從唐代發跡，在此之前雖然也有白話的因素，但在敦煌發現大量唐代「變文」材料才能確認當時白話已經作為廣泛流傳的書面語言了。這些大量的變文的主題有宣揚佛教的，也有世俗的，還有一些禪宗大師的語錄等。這些作品大多是文白參雜，引文和連接語使用文言文，白話文用在對話，後來的佛經著作大多與此相似，甚至在敘述上也使用白話文。

　　唐代白話文學與佛教關係密切，韓南認為，或許因為佛教是外來思想，雖然一樣受到中國文化的影響，但卻不是完全遵守古典書寫文字的格式，也或者是為了吸引大量聽眾群，宣揚佛法，這也促進原本存在的世俗口頭文學的發展。敦煌的材料中，有些是為表演所著，還附有插圖，而專為閱讀著作的白話文學，雖然流傳的廣泛程度尚未可知，但在唐代時已經在讀者中流傳。這些流傳的抄本缺乏標準化的寫作樣式，說明白話小說還沒有形成一種固定的形式。

　　韓南提到，在宋、金南北對峙時白話文學又出現多種新的種類，北方盛行宮調，文本主要為演出所寫，後來又刊印供閱讀。南方則是理學家為大宗，他們模仿禪宗方式，將宗教理念作為白話文學的語錄流傳。韓南指出，在此時期最重要的作品是《大唐三藏法師取經記》〔註1〕，後來的《西遊記》就是以此改編而成的，是白話小說改編原始材料中，可以知道材料最早的一篇。

　　元代則出現文言轉為白話的現象，不僅是在政府公文中出現文白相雜，還在其他許多方面也有這樣的現象。韓南指出，元代是雜劇大量產出的時期，當時還出現了為雜劇和散曲建立標準化北方話的《中原音韻》〔註2〕，主要把以往在有限地區流行的北方話確立為標準白話的嘗試。它要求劇作家使用普遍能被理解的語言，避免土話、方言及生僻用字。元代明初在南方的劇作家也遵守《中原音韻》的格式，說明標準北方話已經在雜劇中被確認了有規範的力量。

〔註1〕又名《大唐三藏取經詩話》，說經話本，作者不詳。全書三卷，敘述唐玄奘取經故事，其中猴行者為主要人物，他為扶助三藏法師大顯神通，但情節比較簡單，無豬八戒角色，有降伏深沙神的描寫，可能為沙僧原型。具明代小說《西遊記》的雛形。

〔註2〕元代周德清所作的一本韻書，反映了當時的實際語音。全書由《韻譜》和《正語作詞起例》兩個部分組成，不分卷。《中原音韻》是近代音研究的主要依據，在音韻學、北音學研究中有重要地位。

　　韓南提到，在元代明初時的白話敘事文學中，有八篇從語言和風格角度來看都是屬於同一種白話敘事文「平話」。內容是各代史書材料再加入一部分民間傳說，稱為「歷史通俗演義」，這幾篇中最著名的是《三國志平話》〔註3〕及《宣和遺事》〔註4〕。這八篇白話敘事文使用的是一種文白混合的相當生硬的奇怪的語言文字，有的白話多文言少，有的則相反，韓南認為，這表示了它們的材料應該有雙重來源，文言部分可能是從史書中抄出，白話部分可能源自和口頭文學有關的文學作品。在後來的《三國演義》中，文白的部分就混雜的很好，成為中國歷史小說的遵循標準形式。有些白話敘事文中帶有說明的插圖，是中國早期的插圖書之一，書中用的是北方話，而非出版中心地福建的閩語。

　　元代的白話文學除了戲曲、白話敘事文「平話」外還有話本及長篇小說，韓南指出雖然除了《西遊記》摘抄外沒有流傳下來的文本，但它們的主題和盛行於元代的口頭敘事文學特點相同，因此可以設想為也是出自元代的作品。與較多文言的歷史演義不同，這是完全以白話寫作而成的小說，也為之後的長篇、短篇白話小說提供了樣式。在這些作品中都可以看出口頭文學轉為書面文字時所會碰到的問題，在敘事手法及題材上都有口頭文學的影子。這批小說雖然是使用北方話為基礎，但卻隱隱透出中國南方或東南方變體的跡象，有學者認為這是因為語言開始轉向杭州語的反應，但韓南認為，不可單從方言方面來判斷，因為體裁也可能影響所使用的語言。

　　韓南提到，中國白話文學往往週期性地被遺忘，如唐代變文到宋代就被遺忘，然而元代後，就沒再出現這樣的情況。可能是白話文學的讀者群相當廣大，也自成一種體系，而北方話也成為公認的文學通用語言文字之一。語言與題材關係相當密切，北方話只限於幾種體裁，方言就更不用說了。韓南認為，若是說白話只在某些體裁中使用，是因為他們需要白話的某些功能，也許也能反過來證明，這些功能就是只有白話才能處理。如長篇小說大多以白話寫成，但序卻總是用文言文，證明這裡所考慮的並不是讀者的問題，而是約定成俗的體裁寫法，由此可知小說使用白話書寫是由於書寫習慣。

〔註3〕或稱《平話三國志》，是一個以三國歷史為故事背景的話本。小說《三國演義》也是參考《三國志》、《三國志平話》寫成的。

〔註4〕全名《大宋宣和遺事》，是知名的話本，是成書於南宋的筆記小說輯錄，結合了多個類型的筆記小說並以說書的方式連貫而成，作者不詳。書中加插了宋代奸臣把持朝政致使生靈塗炭的故事，也為寫梁山英雄聚義做了對照。因此成為《水滸傳》的藍本。

　　中國傳統的正規教育是文言為主，但白話看來是更為大眾所接受的語言。因為白話是大眾已經會說的語言，只要識字就可讀懂白話文，半認半猜也可以明白文章意思，然而文言文則是除了識字外還要懂字義。韓南指出，其實在中國正統教育中也是有白話參雜的，在開始認字時，也是以讀懂白話文字為主。在中國的教育中，要有教育水準需要有錢買書、有閒暇看書還要符合社會的階級價值觀，白話文字只用有限和淺顯的文字組成，因此廣泛流行於一般文化水平不高的社會中低階層人士，而這樣廣大的階層也正是白話小說的讀者群。

　　韓南提到，早期中國的傳統文學中不存在如國外那樣專門為小說發行和評論的人物，大多是由作者自寫或編者寫的評論，晚清時才出現了公正客觀的小說評論家。而白話文學中，劇作家及小說家的社會地位有很大的區別，劇作家往往是社會中的成功人士，他們的名字也和作品一樣廣為傳頌，而小說家卻多是無名人士，沒有任何一人在世時曾經以小說聞名於世，小說家中唯一不同的是李漁，但他同時也是一位劇作家。傳統的文言作者往往能受庇護於有權勢者，享受奢侈生活，而小說家卻不能，李漁則是靠他多產的戲劇才免於窮困。

　　白話小說在中國文學歷史上的地位大多是被貶低的，雖然有些長篇小說被給予很高的評價，但整體來說，人們是看不起白話小說的。就算是在上層階級流行的文言小說和戲曲也都不被重視，更何況是白話小說。然而在二十世紀中國突然提高了對小說的評價及重視，韓南認為是文學史上的突變。他認為，文言、白話及口頭文學都只是傳達文化的一種手段，但是他們也代表了各個文化階層所注重的方面。這三種文學的區別不在於宗教信仰或哲學思想，而是在面對問題時所抱持的態度，在價值觀上的不同。而白話文學與另外兩種文學也互相有淵源關係，它可以是源於對口頭文學的改寫，加入作者自己的觀點；也可以是用白話文學的形式並採用文言文學的哲學及美學價值觀，但畢竟這三種文學還是不相同的體裁及內容。

二、語言及風格

　　韓南指出，文言及白話的差別在於語言的詞彙而不是語法，文言改為白話也只改動詞彙而已。由於語法相同，因此在寫作時可以自由的轉換文白，中國文字的文白「彈性」屬於一種優越性。而白話文學的作家都通曉兩種語言，他們將文白交互或融合使用，縮小文言及白話的差距，各自形成不同風格。在合併使用兩種語言時，基本上是由其不同的功能來判斷的，文言往往表現出角色

的高貴，用於宏偉場景，如果用於非尊貴場景就會出現滑稽效果。白話則用於特寫的敘事及對話。文白相雜的中性語言則主要用於作者的概括敘述及評論，主要求簡潔。這樣不同文字使用使得作者特色風格明顯起來，但同一作家也可能在不同著作中使用不同的語言混合方法。

　　韓南提到，也並非完全由語言混合方式來決定小說的風格，他認為小說發展的過程中，白話的功能是逐漸增大的，文言與白話各自傾向社會上的不同階層，文為雅，白為俗，許多劇評家認為最好的劇作應該化俗為雅，但文言雖雅，卻失去了白話那種直接有力的感覺，韓南指出晚清時期也有學者提到「白話將意思表達的直接明白，而文言則表現出意味深長的暗示」。而白話小說則擅長細微的描述個別事件的狀況，喜劇性的道德說教，並涉及下層社會的生活更貼近讀者群。

三、敘述分析的構想

　　韓南指出，要從學術研究上分析小說的敘述問題，必須要有一個完整的分析方法。他有意識的混合各家學說提出一個自己構想的分析方法。這個方法的構想主要是分析文學的各個「層次」，他認為，如同語言學有語音、句法及語義等各層次，文學分析也與這相同。他將足以表現文學前後連續性質的各項作為層次來分析。主要成為層次的因素是要在文本上表現得清晰，其次則是要表現在所有的文本中。有些因素只在某一文本或是偶而才出現的就無法成為一個層次的部分。

　　韓南認為文學分析的層次還必須是從一般的思想交流中出現的形式，他檢驗出的文學分析層次分為七種，分別是：敘述者層次、焦點層次、語氣層次、風格層次、語音層次、圖像層次及意義層次。韓南指出每一類文學所包含的層次各自有不同的區別，而在文學四大分類上主要為抒情文、戲劇、史詩或敘述文、說明或議題文這四類文學非常普遍，在西方文學領域中有不少文學家試圖對這四類文學按照各種理論界定及區分，韓南對於這四類文學的分類是用兩個簡單的兩極軸來區分，首先是與我們在文學中感受到的那種經歷有關，另一種是我們意識到的那種感知。將這四類文學放在第一個極軸，可以區分出戲劇和敘述文、抒情文和議題文，前者在文學中感受到的經歷是隨著時間延續的，後者則感受的經驗時間極短甚至是在時間之外來討論的。放在第二個極軸上則可區分出抒情和戲劇、敘述文和議題文，前者使用第一人稱書寫，所以意

識到的那種感知與主體較為接近，後者則用第三人稱，所以與主體距離較遠。韓南認為，最好把作品放在兩極軸上衡量比較，自然就可以得到該作品的文學分類了。而關於文學的層次分析，下面就各層次作一簡單說明：

（一）敘述者層次：在這層次中，韓南提出應解決三個問題，敘述者是誰？敘述對象是誰？敘述時的狀況？而在現代長篇小說中，敘述者所佔的地位往往不高，甚至評論家也會忽略，他不像焦點層次那樣作為「視角觀點」被重視。

（二）焦點層次：可能是敘述者，也可能不是。但焦點所見的事物仍是敘述者要思考的。

（三）語氣層次：這是上述兩極軸的產物，簡單來說就是區分四類文學的方法。

（四）風格層次：主要以單位來分析，有一詞一字，也有一章一節。而分析小說最好是從整部作品的風格和他的焦點風格來考慮。

（五）意義層次：在這層次中又包括三個層次意義，分別為貫穿全書主線的系列意義、建立情節及人物並讓讀者產生疑問的結構意義、讀者對作品的概括及象徵所理解的解釋意義。

（六）語音層次及圖像層次：韓南認為這兩層次不說自明。

根據上述分析文學的七個層次，韓南認為這為分析一部敘事作品提供了基本的方法，除了七個層次外，韓南也界定了三個專有名詞。首先是構造層次在同一系列中的大意「情節」，其次是一部作品中被認為是主要內容的那部分「素材」，最後是對素材抽象性的概括的「主題」。

四、白話小說的形式及白話短篇小說

韓南指出，中國的白話小說受口頭文學的影響，都是使用專業說書人的敘述型式，而口頭文學的影響在敘述者層次及語氣層次中最為明顯。表現在敘述者層次中是在文字中模仿說書人向聽眾說話的語言，他們將故事說得非常明白顯露，和聽眾互相交談，每件作品的風格都很統一。韓南認為在全世界的早期白話文學都有此現象，但中國白話小說的特點卻是將此現象貫徹到底。在中國白話小說中，敘述者面對的只有一般的聽眾，沒有特定個別的聽眾。十七世紀以後文人所創作的白話小說中才有特定聽眾的產生，這是文言文學向白話文學擴展的結果。

　　而口頭文學表現在語氣層次上的則是和敘述並列的評論與描寫的段落。中國白話小說的敘述者往往喜歡在故事中加入一段評論式的意見發表，尤其在故事開始之前，往往有一段詩、文字甚至一則完整的故事形成的「入話」，而在故事最後也還有一段尾聲，通常是一首詩，作為敘述者最後的評論。穿插在故事中的描寫，經常借故事人物所見呈現給讀者戲劇場景。韓南提到，在各國文學中也有敘述者隨時插入自己的評論和描寫這樣的共同現象。

　　在意義層次中的結構意義中，中國白話小說的特點是連接鬆散，且有一種專為連接為目的所用的情節。在風格層次上，中國白話小說的作者使用多種不同的方言，在文言小說中卻很少見。韓南提到，在中國文言小說中是完全看不到口頭文學的影響，文言小說的敘述者從不與讀者互動，評論也與正文區隔分開，敘述時採取史學家或傳記作家的態度，與白話小說不同。

　　韓南提到，現代說書人的紀錄本中，也可看出過去口頭文學的形式及它所產生的影響。在後來的白話小說中，也可看出文人有意保留口頭文學與聽眾互動的傳統表現。現在學界一般認為，中國白話小說的形式是起於宋元時期說書人的演出紀錄本，特別是「小說」及「講史」這兩種體裁。在《醉翁談錄》中曾提到說書人創作故事的情況，作者認為說書人是以文言故事為本進行創作，白話小說的最初形式便由此而來。但韓南也提到，這樣的說法只能是推測。

　　韓南指出，在後來的白話小說家創作時所模仿的範本已經不是單純為口頭文學了，而是前人所創作的早期白話小說。由於在寫作小說時，作者、出版者不同，這些不同的人所強調的重點不同，白話小說也就變化出不同的樣式。

　　中國白話小說中，長篇小說與短篇小說的不同不在於來源、敘述形式或歷史，而是在於篇幅的大小懸殊，因此在早期時兩者的結構也有所區別。韓南指出，馮夢龍是第一個提出長短篇小說區別的人，他認為長篇小說是「巨觀」，短篇小說則是「一人一事」。韓南認為如果說故事的情節是指一件作品中主要的事件，那短篇小說便是單一情節，長篇小說則是包含許多單一情節的複雜情節。

　　然而到了十七世紀，出現了一批較短但情節縝密的長篇小說，為了方便做區分，研究者將這樣的小說，區分為出自小說集的歸為短篇小說，獨立出版的歸為長篇小說。短篇及長篇小說在評論所佔的份量上也有所區別，短篇小說的篇幅雖然小，但是評論卻如同長篇一樣多，甚至更為龐大。許多作者熱衷於入話中的評論，精心的描寫在長篇小中是沒有的。

中國白話小說的短篇及長篇小說，本質上是一樣的東西，但在區別文言及白話小說上卻可得出兩者本質的不同。文言小說的篇幅一般較短，不論是簡短的軼事或是較長的傳奇。韓南提到，白話及文言小說之間形成一種奇怪的平行現象，文言小說從八世紀開始發展，直到十九世紀還有人在寫，而白話小說的發展則是從十四世紀到十八世紀左右。兩者的素材有時是共通的，白話小說有時還是改寫自文言小說，改寫後形成的是一種截然不同的體裁，所強調的方面也跟著不同。

馮夢龍曾經將白話小說及文言小說放在一起做比較，韓南指出，這是唯一的一次有學者將兩者放在一起做比較。韓南認為，這兩者都是短小的散文小說，題材也互重疊，甚是有從另一方改編而來的，如果將兩者仔細比較，一定可以凸顯出兩者各自所具備的特色及重點。

韓南提到白話及文言小說還有幾點不同，首先從創作目的來看，文言小說注重個人經驗，白話小說則從說書人的謀生手段而來。所寫的內容則是，白話小說主要寫使公眾重視、並能起到道德感化的事情。文言小說則涉及對個人而非社會來說較為重要的經驗，有時甚至涉及個人心路歷程。從小說的敘述時間順序來看，白話小說總是從頭說到尾，既要說明背景故事，又要說明前因後果。文言小說則比較靈活，有可能從故事中間說起。從所寫的人物及語言形式來說的話，白話小說往往是寫社會地位不高的俗人，營造出喜劇效果及諷刺性。白話小說也注重說話自然，表現出人物個性，對環境描寫細緻，使讀者身歷其境。而白話小說則注重感性的具體事實，墨守現成的形式和主題。

韓南認為，白話小說的作者重視的不只是外部形式，他認為白話小說既有自身的傳統，在發展過程中也有許多重大的變化，因此區分各時期再分開研究表現在作品中的社會意義、道德境界及技巧等方面便顯得格外重要。社會意義的研究可以了解小說中對待社會階層不同人的態度及價值觀，而個時期的道德議題研究也可以知道道德境界的變化。韓南因此將白話小說的歷史分為三個階段來談，首先是與口頭文學在素材及故事形式等各方面都相同的早期白話小說，其次是模仿早期白話小說再進行創作並加入自身世界觀的中期白話小說，最後則是模仿及說教動機逐漸消失，小說寫作方向自由發展並受其他文學體裁影響的晚期白話小說，這些不同時期小說的詳細介紹在本論文前面第三章及第四章中有做一深入探討。

第二節　確定中國早、中、晚期白話小說年代的方法

　　韓南主要區分小說年代分期的方法為以風格（Style）來作為判斷的標準（Criterion），他對小說分期後，便可以一個階段小說的作者、寫作方式及主題問題做一深入研究分析。而對於能將小說做一分期的這種方法韓南提出幾點需要注意的事情，首先用來分析文體的標準不能隨意選擇，韓南將特性明確的小說先作一簡單分析，找出其中大體上能用來分析的相同標準，將此標準加入附加條件再次檢驗，使這樣的分析做到盡善盡美。他也認為這樣的方法並不能說是最理想的，但卻是可行的，並可以透過附加標準進一步增強它的可靠性。

　　其次，韓南認為，這樣的方法是屬於探索性的，比如同一文類有不同的文體及文本，但是造成現象的原因我們卻無法得知，只能推測再做進一步研究，來確定推測的可能性。再者，在現代數據化的時代，韓南認為這樣的方法只能算是「個人研究」的土方法。因為可以作為樣本數據的資料太少，幾乎無法統計性的用大數據來處理。然而這樣明顯的、簡單又易於分辨的文體特徵，也提供了一條可以繼續研究的道路。最後，韓南指出，這是一項權宜性的研究方法，只能探討特定時期的短篇小說，不是一種方法學，也不能擴大應用到其他題目的研究上。

　　韓南在書中也提到，文體研究是一種「主觀加經驗」的方法，要對文體作出分析解釋，有時只能使用推測，來得到結論，不能說這是絕對的方法，只能說在條件不足的情況下這是最好的方法了。韓南認為「如果不能確定小說的寫作年代，研究者就不能看清且推斷整個文類發展的歷史脈絡，更難瞭解到作品內容中有關社會階層的觀點和信念。」因此首先解決白話小說年代的分期便是最主要的工作了。

　　中國白話小說曾經通俗流行一時，然而卻曾未被重視，因此文本並未被妥善保存，文獻資料也沒有記載。韓南指出，若非早期白話小說具有一定持久的感染力，也許就會連同史料一起消失了。白話小說與文言小說及口頭文學有一定的關係，如果無法確定寫作時間，這樣的關係也無法理清。

　　韓南提到，他利用文體的風格分析來考察寫作年代不明的作品的大致時期。一般來說作品的語言文字經常被拿來當作判斷的標準，文體的風格則較少受到考慮。然而語言文字的標準對於小說這樣一個複雜文體的文類來說就顯得較無意義。例如，在具有大量對話的敘事文中，比較第一人稱代名詞出現的頻率對整個作品的分析就沒有任何意義。且各個人物的語言可能參雜不同的方言或不

同階層的語言，每個人物也可能在不同的情況下會使用不同的文體風格。既然如此，若只考慮語言文字不去考慮文體風格，便可能導致錯誤的研究方向。

韓南認為，最符合分析作品的方法是分析文章的「語境」（context），也就是上下文。他採用語言學家 Nils Erik Enkvist（1925～2009）的語言學方法，認為要判斷一段文字的風格，就必須把不同層次的語言風格與另一組文本中相對應的特點做比較。當然每部作品、每段文章都有許多不同種類的語境，因此風格便是透過在有許多共同語境的文本中，比較各個語言文字出現的次數來做統計衡量。

這樣的分析方法非常仰賴語境的判斷，韓南指出，研究者的對於特定作品的選擇及界定語境上佔了非常重要的部分。研究者必須決定研究作品屬於哪種文類，雖然語境的分析能消除一些主觀的想法，但要如何達到客觀的分析便是研究者所要努力的。Enkvist 提到：「出現在一個文本中的風格構成了這個文本的一個特徵，若語境相關的許多文本共同有一組風格特徵，那麼這組風格特徵便成為大範圍語境的主要特徵群，一些文本若有相同的主要特徵，則屬於同一種主要風格」。

韓南將此概念應用到中國白話小說上，首先他必須區分構成這種小說的主要文體類別，小說中的對話顯然是一大類型，其中又包括許多不同類型。小說中的普通記敘文具有相同的特徵因此作為小說主體來分析，稱為「白話小說體」，這樣的共同文體讓小說形成了在漫長文學歷史中靜止不變的印象。白話小說共有的語境具有相當重要的意義，除了語言及文體外，重要的語境還有敘述者、讀者及兩者在小說中互相交流的情況。一般來說，小說中的敘述者及讀者都沒有固定或指特定的對象，因此在整個白話小說的歷史中不變的，這樣的語境也在不同程度上體現出口頭文學的情況。

語言（包括方言）語境在各個作品上都有所不同，但作為白話小說的主要文體風格多少佔重要的地位。「風格判準」雖然會因為語言不同有所差別，卻不會因語言變化而變化。如由文言轉白話時從文章到對話的轉換文字往往使用「曰」而非「道」，儘管如此，接近文言的作品及接近白話的作品還是具有大量的共同風格，而這些風格仍然構成了同一種主要的特徵群。這些風格特徵與小說的題材變化無關，而是與小說共有的記敘體基本概念有關。

使用風格作為確定年代的標準，韓南認為首先要搞清楚我們是否能分辨短篇小說這一類文體的各時代風格。我們應挑選就我們所知兩個只在寫作時

期不同的作品，然後分析它們在風格上是否存在著規律及系統上的不同。韓南也提到，就算我們證明了各時代存在著規律及系統上的不同風格，仍然不能斷定是否就是該時代普遍存在的風格特徵。因此想出一種檢驗方法來排除這樣可能混淆的情況是必須進行的研究。

一、兩個母群體及風格差別

韓南首先就現存文本及書目將白話小說依 1550 年區分為前期及後期兩個母群體，1550 年是現存的早期白話小說中主要來源的洪楩《六十家小說》的最晚年限，也可能是《寶文堂書目》的最晚年限。而後期一直到十七世紀左右大多是「三言」的最晚年限。韓南認為確定前期小說較為簡單，就是洪楩《六十家小說》的 29 篇小說；後期小說韓南則用三種證據來推斷「三言」中的某些小說做於 1550 年之後。這三種證據分別是：1. 文中出現嘉靖或嘉靖以後的時代背景、2. 確定出自明末作者的作品、3. 文中出現確定出現於明末的內在證據，例如文中出現一首詞的曲調是確定十六世紀才流行起來的。藉由這三樣證據證明，韓南得出「三言」中有九篇小說確定出自後期，後期小說篇目及選擇原因列表如下（表一）。

表一：後期小說篇目及選擇原因

	書 目	篇 名	原 因
1	古今小說	沈小霞相會出師表	明確敘述嘉慶年間事情
2	警世通言	老門生三世報恩	馮夢龍明確指出自己為這篇作品作者
3	警世通言	杜十娘怒沉百寶箱	明述萬曆二十年後（1592）的故事
4	警世通言	旌陽宮鐵樹鎮妖	小說存有通言以前的版本，最早是作於 1603 年的序
5	醒世恆言	賣油郎獨占花魁	小說中出現只流行於十六世紀晚期的《掛枝兒》曲調
6	醒世恆言	施潤澤灘闕遇友	明確敘述嘉慶年間事情
7	醒世恆言	張廷秀逃生救父	明確敘述萬曆年間事情
8	醒世恆言	盧太學詩酒傲公侯	明確敘述嘉慶年間事情
9	醒世恆言	徐老僕義憤成家	明確敘述萬曆年間事情

韓南提到，由於我們的目的是要了解，具有一套語境的特點在這兩組小說中，是否有明確的系統性區別，因此選定的語境必須要容易辨別且頻繁出現。

他提到幾個語境最能符合這樣的條件，首先是白話小說體轉換成對白或內心思想時銜接的詞語，或者是轉變回白話小說體時的銜接語。其次是白話小說體與駢文、詩、詞、對句等互相轉換的銜接詞。除了這兩個條件外，韓南還訂出考察文體的三點位置範圍：1. 連接性或單音節副詞或方位詞；2. 動詞或賓詞結構；3.「道」、「曰」等。他提到在特殊情況下可能無法滿足這三點，但是第二及第三點卻是不能同時缺乏。除了滿足上述條件及範圍外，語境出現的次數頻率也是形成標準的重點，韓南規定，同一特徵至少要在四篇小說中出現六次才能成為判斷標準。

　　韓南應用此方法得出存在於前期及後期小說中的特有標準，標準列表如下（表二）：

表二：前期及後期小說中的特有標準及原因

		標　準	原　因	備　註
前期小說母群	1	思量道、心理思量、肚裡思量	十篇中有 21 例	
	2	自思、自思道	六篇中有 12 例	
	3	乃言	四篇中有 12 例	
	4	說與某人（道）	五篇中有 13 例	「說與」視為一詞
	5	唱喏道	五篇中有 7 例	「唱」可作聲、應，「道」可作曰、云，「道」也可省略
	6	正所謂	五篇中有 7 例	置於對句或四句詩之前，小說人物所吟誦的詩不算入其中，「正」可省略，「所謂」之後可加「是」
後期小說母群	a	想道	八篇中有 31 例	不能有「心裡」等詞接在之前
	b	又想、又想道	六篇中有 18 例	不包括後期（a）的「想道」
	c	思想、思想道	四篇中有 6 例	
	d	乃道	四篇中有 29 例	

　　這個初步的統計已經說明，兩個母群體各自所具有的特有標準。但韓南提到，僅僅是次數的多寡並不能說明該標準只存在於該群體，除非可以證明標準所出現的總次數出現達成某種的比例。當然這樣的風格差別不能簡單地歸為作品時期的差別，也許是其他因素造成這樣的差別。但韓南認為，若能證明這

樣的差別普遍存在於這兩時期的其他作品中，也許就能將它作為確定年代的一種標準。

二、標準的檢驗

韓南將上述得到的前期及後期小說母群體的標準體，用四種檢驗材料方式來證明該標準在其他作品中所起的作用。首先先檢驗「三言」文本本身，「三言」中有十篇小說出現於洪楩的《六十家小說》中，一般認為是「三言」的編者或是之前的編者變更了原本《六十家小說》中的內容，變更內容有可能會刪減、增加或改動原本的部分。韓南將前期及後期小說標準套用進去檢驗發現，在「三言」中變更《六十家小說》中的部份，增加的部分不會出現前期小說的標準體，且有部分會出現後期小說的標準體。

其次則檢驗《寶文堂書目》，韓南認為，雖然對書目的年代仍然有所質疑，但所著錄的小說仍可能是 1560 年之前的作品。學者認為在《寶文堂書目》中所著錄的「三言」共有 19 篇〔註 5〕。就檢驗結果來看，它與「三言」相同，具有前期的標準，也有後期所增加的標準。再者韓南檢驗明末時的兩種小說集《拍案驚奇》初刻、二刻及《石點頭》。韓南認為，如果前後期標準能夠判斷年代，那麼在這兩種小說集中便能證明後期標準將會佔大多數。檢驗結果前者的十篇小說有 17 例後期標準，只有一例前期標準；後者五篇小說中有 20 例後期標準，沒有前期標準。

最後韓南採用短篇小說以外的白話小說來作為檢驗的材料，可惜的是《寶文堂書目》所著錄的兩部長篇白話小說只存在萬曆時的版本。一是二十回的《平妖傳》，二是最早版本的《水滸傳》，我們不能期望這兩部還能忠於它們的早期文本，但一定還會保留相當數量的前期標準。在《平妖傳》中有 29 例前期標準，只有兩例後期標準。後來馮夢龍擴寫的四十回版本中，前期標準只剩一例，後期標準則有 24 例。《水滸傳》在後期也被增補改寫，經韓南檢驗，增補的二十回中，也是後期標準明顯佔了多數。

韓南認為，這四種檢驗方式看來是最適當的實驗，上述前後期都標準幾乎是只出現在敘事小說中的特點，雖然這方法在許多方面還不甚完美，但不能否

〔註 5〕這 19 篇分別是：古今 3、古今 11、古今 15、古今 23、古今 24、古今 25、古今 26、古今 33、古今 36 入話、古今 36 正話、古今 38、通言 8、通言 20、通言 29、通言 37、恆言 13、恆言 16、恆言 31、恆言 33。

認的，這樣的辨認標準是可以區分小說年代的。韓南推斷，這些風格特徵儘管或許是幾位作家的個人風格特徵，但在某個程度上也是當時的小說家所共有的。可以將它看作在特定時期職業作家在實踐中無意取得的細緻創作技巧。當然，也不能設想在 1550 年後這些技巧就固定了，韓南提到，後期標準檢驗在明末有效，卻不一定在清代也是如此，因為文學是流動性的，有些前期標準可能被重新使用，有些後期標準也可能被棄置不用。

三、後期小說的界定

韓南用特有標準來判斷前、後期小說，並推斷出寫作年代，不過在大多數小說中這些標準出現的次數較少，因此現階段我們應該將只有前期標準或後期標準，且出現次數較多的小說加以分類。韓南認為應將納入母群的最低標準定為，符合上述前期標準六項中的三項；後期標準四項中的兩項且共出現三次，才能歸為前、後期小說。因此，母群體所含的數量便大為增加，〈通言 7〉、〈通言 14〉、〈恆言 21〉可加入前期小說母群體，可歸入後期小說的則有 26 篇〔註6〕小說。這樣擴大了兩類母群體，韓南認為這有好有壞，在後期這 26 篇小說中有 18 篇出自《醒世恆言》，且有證據顯示後期標準（d）是《醒世恆言》所特有標準。為了使標準比例與之前大致相同，新增母群體只取後期小說前 16 篇加入，於是前期標準母群體變成 32 篇、後期則變為 25 篇。再加上前面所討論《寶文堂書目》中所納入前期小說的 19 篇中屬於前期標準的 14 篇〔註7〕，及確定可歸為前期小說的《錢塘夢》，而《六十家小說》的第 29 篇已經不見原文，因此不納入計算。

韓南將最後統計出來的前期小說 46 篇及後期小說 25 篇作為新的母群體來分析出標準，他認為不需要重頭分析，只需要在原有標準中，在找出新的標準即可。他也訂下新的條件，即每個標準應至少出現在該母群體的五篇小說中出現。但韓南也提到，若其中一方標準出現在另一母群體中的數量不多，應採取寬容態度，如某一前期標準出現在前期母群體遠超過五篇，但又出現在後期

〔註6〕這 26 篇分別是：古今 2、古今 10、通言 1、通言 5、通言 15、通言 21、通言 31、通言 35、恆言 4、恆言 6、恆言 7、恆言 8、恆言 11、恆言 15、恆言 17、恆言 19、恆言 25、恆言 26、恆言 27、恆言 28、恆言 30、恆言 34、恆言 36、恆言 37、恆言 38、恆言 39 入話。

〔註7〕由前《寶文堂書目》中所著錄的「三言」19 篇中去掉古今 25、古今 26、恆言 13、恆言 16、恆言 33，這五篇不符合納入標準的條件。

母群體中的一篇，這樣應該容許並歸於前期標準。因為可能編者做了改動，相反來說也可能是文章偶而用了舊的用法。根據這樣的原則及之前所列的條件，從新的母群體可以在歸納出前期小說可再增加 11 個新的標準（從 7 開始編號），後期小說則增加 14 個標準（從 e 開始編號），列表如下（表三）：

表三：接表二前期及後期小說中的特有標準及原因

		標　準	原　因	備　註
前期小說母群	7	自道	六篇中有 7 例	位於語言和思想活動之前
	8	卻似、恰似、好似、一似	十三篇中有 16 例	位於對句之前，「似」可念作是，因此「卻是」也算入
	9	四字短語中的第二句為「日月如梭」	七篇中有 8 例	指時間的，第一句可略有變化
	10	撚指	五篇中有 6 例	指時間的，與（9）用法相同
	11	饑餐渴飲、夜住曉行	十篇中有 11 例	一筆帶過平凡旅行的細節
	12	迤邐	十九篇中有 35 例	指時間流逝、指明時間的
	13	時遇	九篇中有 9 例	指時間流逝、指明時間的
	14	萬事皆休	六篇中有 7 例	敘述者對情節的評論，「皆」可作俱、全、都等字
	15	離不得	九篇中有 13 例	敘述者對情節的評論
	16	風過處	六篇中有 12 例	
	17	田地	五篇中有 10 例	位於表示距離的量詞之後，用於旅行的參考狀況
後期小說母群	e	假託後人所做的詩	十篇中有 15 例	引入詩句的套語，有種種句式
	f	暗想（道）	八篇中有 12 例	「心裡暗想」不列入
	g	想著、想著道	七篇中有 8 例	
	h	不一時	七篇中有 11 例	指明時間
	i	正在	七篇中有 11 例	後面緊接謂語，「正在……之際」、後面緊跟賓語、「正在那裡」等不列入其中
	j	到（了）晚上、至晚上	六篇中有 7 例	
	k	自古道	十一篇中有 15 例	用以引入格言

	l	自不必說	十一篇中有20例	
	m	閒話休題、閒話休敘	八篇中有 8 例	通常出現在敘述者的評論之後
	n	也是	十一篇中有13例	後面跟意思相似的短語
	o	單表	六篇中有 7 例	敘述者以此表示指講述一人的故事
	p	這樁故事	五篇中有 5 例	提到正在講或正要講的故事
	q	心生一計	八篇中有 13 例	
	r	里中	五篇中有 8 例	敘述人物聲譽時常用的詞

四、後期標準的應用及檢驗

　　韓南認為，要進一步把剩下的小說分類，首先應設立條件。要劃為前期小說至少必須有三個不同的前期標準且沒有後期標準，或是有後期標準，但與前期標準比例應至少為前後比 4：1，或佔大部分。後期小說的條件則相反。韓南也對前後期標準做統計，以歸納出這些標準的有效性，就統計結果來看，這些標準是明顯有效的。為了慎重起見，韓南將上述提到使用的四個檢驗方法，再次進行新標準的檢驗。

　　首先檢驗「三言」文本，與前面原有標準一樣，新標準也一樣有作用。其次在《寶文堂書目》中，檢驗起不了作用，因為新標準的母群體在某種程度上是由《寶文堂書目》的著錄來的。第三及第四項檢驗結果也是一樣有用，後期標準佔大多數。由此可見，雖然新標準不像原有標準那樣的有明顯的效果，但整體來說還是有作用的，也可以用來辨別。韓南根據這些標準，發現公認的後期小說沒有一篇被劃為前期且大多數都被劃為後期，小說中的前期標準數量也沒有超過後期標準。

　　韓南在討論上述文本時，將小說入話及正話分開討論。他認為入話及正話有可能作於不同時代或出於不同人之手，因此有分開討論的必要性。但在大多數情況下，入話與正話是同時間產生的，因此只要入話及正話的標準沒有矛盾，便可以推測是屬於同一時期甚至同一人之手。

　　利用上述檢驗方法，韓南分出兩個小說母群，一個是作於 1550 年之前，另一個則約作於 1550 年至十七世紀。他提出區分兩組小說的「風格判準」，而且透過檢驗也證明確實有助於分辨短篇小說的寫作年代，也能應用至其他的短篇小說。而其中一些標準在後續韓南提到作者及文體的檢驗時還有採用的必要性。

　　在後期小說的標準擴大範圍後，韓南認為應考慮時間的分界線。不能簡單的以 1550 年作為分界，前期小說的範圍涵蓋很廣，從明代之前到十六世紀中葉，而後期小說幾乎全部作於十七世紀至二十世紀。他認為若研究到後來，逐步從後推至前，挑出較晚的小說，勢必要再作細部的區分。因此韓南將後期小說改稱為「晚期小說」用以表示 1550 年後的小說，將前期名稱保留，用作稱為 1575 年之前的小說，並在後面的標準討論中再將前期分為「早期小說」及「中期小說」兩個階段。

五、早期及中期標準

　　韓南以上述標準，區分出六十多篇小說是屬於前期小說，在此標準下，他再提出用小說中的內證，也就是時代背景、地名、機構等名稱，確定為明代的作品，作為區分早、中期小說的母群體標準。然而，在面對這些內證上也必須小心處理，因為編者將地名稍作改動是容易的。如在地名後面加上「府」字，讓它變成明代特有的名稱。韓南列出 12 篇小說，具有有力的證明能確定作於明代，因此作為中期小說的母群體。下面列表說明 12 篇小說的篇名及確定為明代小說的原因（表四）：

表四：確定為明代小說的 12 篇小說篇名及原因

	出　處	篇　名	原　因	備　註
1	古今小說	新橋市韓五賣春情	2 個明代地名，1 個可能為明代地名	
2	古今小說	沈小官一鳥害七命	3 個明代地名，1 個明代機構	
3	古今小說	月明和尚度柳翠	1 個明代機構，涉及明代 1 齣戲劇	小說後半部為改寫，不列入計算
4	古今小說	任孝子烈性為神	1 個明代地名	
5	警世通言	陳可常端陽仙化	1 個明代機構，涉及明代 1 齣戲劇	
6	六十家小說	風月相思	以明初洪武元年為背景	
7	六十家小說	刎頸鴛鴦會	1 個明代地名，1 個明代機構	僅取正話
8	六十家小說	曹伯明錯勘贓記	以大元朝至正年間為背景，至正為元代最後一朝，因此視為明代	
9	六十家小說	錯認屍	3 個明代地名，1 個明代行政制度，1 個對元代杭州名稱的註釋	

10	熊龍峰所刊小說	張生彩鸞燈傳	1個明代地名，1個明代機構	僅取正話
11	熊龍峰所刊小說	孔淑芳雙魚扇墜傳	以明代弘治年間為時代背景，且有明代特有地名	
12	通俗類書中的小說	杜麗娘慕色還魂	數次提到明代特有地名，也提到十五世紀的小說《鍾情麗集》	

　　另外，有其他篇小說雖然有明代的地名、機關或其他內證，但韓南認為有更多證據證明是屬於改寫，或是證據較為薄弱，因而不納入中期小說母群體做討論。韓南也提到，沒有任何短篇小說能夠明確地表示，是作於明代以前。若要作為早期小說的母群體，勢必要從其他可以確定年代的文本來討論，縱使這些文本不屬於短篇小說的類型。

　　韓南使用的是八篇平話及一篇敘事作品，它所採用的也不完全是全篇平話，而是這些平話中的第一節，或是更為接近白話的章節。取用的原因及頁數，列表如下（表五）：

表五：平話中取用的原因及頁數

	文　本	原　因	取用頁數
1	武王伐紂平話	為至治間（1321～1323）合刻本	P.1～30
2	七國春秋平話	為至治間（1321～1323）合刻本	P.1～26
3	秦併六國平話	為至治間（1321～1323）合刻本	P.1～40
4	前漢書平話	為至治間（1321～1323）合刻本	P.1～23
5	三國志平話	為至治間（1321～1323）合刻本	P.1～45
6	五代史平話	應為元代作品	P.1～35、P.159～176、P.181～215
7	大宋宣和遺事	明確的提到宋代的滅亡，作於宋代以後	P.36～77
8	薛仁貴征遼事略	有許多平話作品共有的特色	P.1～30
9	大唐三藏取經詩話	存有兩個版本，被認為是南宋所刊	全文

　　韓南認為，由於平話的語言及樣式都接近文言記事，所以檢查對話前的位置就顯得不太有效果。但在其他如駢文、對白、詩詞前的位置，卻能得出有用的結果。他將用平話找出的早期小說標準套用到短篇小說中，選出了代表早期小說的五篇作品〔註8〕。再以這五篇作品下去分析出早期及中期標準，且他認

〔註8〕五篇小說分別是：古今36、古今24、古今33正話、通言37、洪本15。

為在能確定早、中期標準前，平話的標準仍可以作為旁證來使用。他也將前期十七個標準再做檢驗，發現有三個標準〔註9〕能準確的區分早、中兩期。

韓南指出，早、中期標準應選自白話小說體中的文體特徵，即涉及到記敘體的因果關係、編年、風格轉換等。他也如同前面標準確定一樣，設定了規則條件。用作標準的風格文體必須在至少三篇的中期小說或三篇早期小說中出現四次，若一種風格僅出現在兩篇早期小說但出現在至少一篇平話中，也可作為早期標準。標準必須各組獨有的，且中期標準絕不可出現在平話中，除非數量比上中期佔大多數。下面將早期及中期標準列表〔註10〕，並說明分別在早期（五篇小說及平話）、中期（明代小說）母群體的篇數（表六）：

表六：早期及中期標準在早、中期母群體出現的篇數

<table>
<tr><th rowspan="2"></th><th rowspan="2">標　準</th><th colspan="3">出現次數</th><th rowspan="2">備　註</th></tr>
<tr><th>早期五篇小說</th><th>平話組</th><th>明代小說組</th></tr>
<tr><td rowspan="9">早期小說標準</td><td>1 唱喏道</td><td>四篇中 7 例</td><td>三篇</td><td></td><td>規定同前期標準 5</td></tr>
<tr><td>2 肚裡道、肚裡思量道</td><td>四篇中 5 例</td><td></td><td></td><td>「肚裡」可作肚內、肚中</td></tr>
<tr><td>3 道是</td><td>五篇中 5 例</td><td>三篇</td><td></td><td></td></tr>
<tr><td>4 「道」前面提到詩詞詞彙</td><td>五篇中 6 例</td><td>兩篇</td><td></td><td></td></tr>
<tr><td>5 看時、看……時</td><td>五篇中 6 例</td><td></td><td></td><td>在「看時」和對句間可加入短語</td></tr>
<tr><td>6 但見</td><td>五篇中 14 例</td><td>四篇</td><td></td><td>在晚期小說中常見，中期卻沒有</td></tr>
<tr><td>7 在時間詞、時間短語前的「到得」</td><td>三篇中 3 例</td><td>兩篇</td><td></td><td></td></tr>
<tr><td>8 不多時</td><td>四篇中 6 例</td><td>三篇</td><td></td><td></td></tr>
<tr><td>9 表達時間用語之後的「前後」</td><td>三篇中 7 例</td><td>兩篇</td><td></td><td></td></tr>
</table>

〔註 9〕這三個標準分別是：前期標準 3. 乃言（沒有出現在早期，中期有出現 7 次）、前期標準 5. 唱喏（沒有出現在中期，早期卻出現 7 次）、前期標準 17. 田地（沒有出現在中期，早期卻出現 8 次）。

〔註10〕早期小說的母群體小說是平話組及上述五篇小說；中期小說的母群體小說則為確定為明代的 12 篇小說。

	10	頃刻、頃刻間、頃刻之間	兩篇中 3 例	三篇	
	11	卻待、恰待	三篇中 5 例	一篇	
	12	說猶未了	兩篇中 2 例	一篇	
	13	田地	三篇中 8 例	一篇	規定同前期標準 17
	14	一似	三篇中 5 例	兩篇	可以在任何位置
	15	打一看時、打一看	五篇中 6 例	一篇	類似用語「打一觀看」、「打一望」等也算
中期小說標準	1	乃言		三篇中 7 例	規定同前期標準 3
	2	答道		四篇中 5 例	
	3	將及		四篇中 5 例	後面跟表達時間的用語
	4	光陰似箭		五篇中 5 例	不包括早期小說中大致相同的用語
	5	正值		六篇中 7 例	
	6	○牌時分	一例	六篇中 11 例	○為十二時辰之一
	7	正要		五篇中 8 例	
	8	就便		三篇中 5 例	復合的副詞
	9	有分教		五篇中 13 例	引入對主角造成惡果的預言
	10	直教		三篇中 4 例	與中期標準（9）合併使用，並用於相同的情況
	11	……不題		三篇中 6 例	不同於句首的「不題……」
	12	況	一例	四篇中 10 例	不同於「況兼」、「況且」

　　在前面晚期標準的檢驗上，韓南提到，前期標準在沒有相對標準出現的情況下，三個不同標準的標準為判斷的最低限度。而在這裡因為母群體的增加，早中期的標準也隨之不同，因此要再進一步設定標準的規則。他認為應該分為一般規則及較嚴格的規則，一般規則條件如前，嚴格的規則規定，達到的最低限度為五個標準，比例為六比一。因此便可得出較為有把握且確定的小說劃分。

　　可惜的是，韓南指出並無其他作品可以檢驗標準的有效性，雖然目前這些標準能有效地說明長篇小說《水滸傳》及《平妖傳》，卻無法反過來使它們說明短篇小說。韓南在此提出一個簡單但不具成熟檢驗的方法，即是比較早期及中期提到年代的詳細過程，儘管不能百分百肯定小說中提到的年代過程就是小說的著作年代，卻可以說至少它是非常接近那個年代的。

　　另外還有一些小說無法使用「風格判準」來確定年代，這些小說只能藉由內證或確定使否為改寫來判斷可能得著作年代，首先是 8 篇〔註 11〕文言歷史小說，它們組成了獨特的一組，因為它們題材皆有關於早期歷史人物，小說的語言接近文言文，並與一些才情小說相似。再者還有 5 篇恆言小說〔註 12〕是經由晚期編者做了大量的改寫。最後還有 6 篇小說〔註 13〕尚未討論到，韓南也藉由這些標準將它暫且分類。據上述標準分類，韓南將 29 篇小說歸為中期小說，32 篇劃為早期小說，剩餘 6 篇無法確定年代。他也對早、中期小說下了定義並將劃分年代調整為 1540 年，中期小說大致上著於明初至明代中期，而早期小說則是屬於早於中期小說年代的小說。

六、區分早期小說

　　在利用「風格判準」分析的過程中，需要不斷地就現有資料來做推論，資料越少，推論就越多，韓南指出，若要繼續進行研究，勢必得找出新的驗證方法來做進一步的細分。因此他提出盡可能結合使用各種間接證據，觀察它們互相驗證的程度來作為判斷較早年代的方法。他認為在此可以使用小說中的內證來區別時間順序的先後，而不是如同之前一樣用來確定年代。在前面用早期標準數量來判斷接近元代的平話小說，這些標準的共通點是提出了小說接近宋代的初步看法，雖然無法用實際證據證明，且在確定年代上是不精確的。即使如此，韓南認為，若根據其中至少六個互不相關的標準得出有助於加強的結果，也許可以斷定這些標準對於判斷寫作年代有一定的關係。

　　韓南運用六種方法篩選出一些小說作為早期小說標準的母群體，首先選出在中期小說判斷時，早期標準大大超過中期標準的小說。第二，符合以宋代為背景，但卻沒有提到宋朝之名的小說，這些可能為最早的小說。第三，將南

〔註11〕古今 25、洪本 21、洪本 22、洪本 23、洪本 24、洪本 25、洪本 26、洪本 27。
〔註12〕恆言 12、恆言 13、恆言 14、恆言 31、恆言 33。
〔註13〕通言 13、通言 16、洪本 7、洪本 11、洪本 16、洪本 19。

宋「臨安府」稱為「行在」〔註14〕的小說。第四，五個〔註15〕常見於作品中宋代的官職、機構稱號。第五，早期小說習慣以兩個名稱提及同一個地方，而這兩個名稱屬於歷史先後相關的稱呼，因此反應宋代改換名稱的合併用法可能是小說接近宋代的證據。最後，引用宋代詩詞的小說。韓南用此試驗方法，檢驗出一些集中特點的小說，在32篇小期小說中符合上述六項中四項規則的有兩篇、三項的有五篇、兩項的有七篇、一項的有四篇。將具有兩項規則以上的小說作為判定早期小說的母群體，韓南認為需搞懂這14篇小說〔註16〕是否具有區別其他小說的風格特點及語言特色。若能證明有此特點，便能明確的肯定我們掌握到最早期的小說。

　　首先從語言特色來看，雖然前面韓南有提到不應該不顧文本的風格只試圖以語言文字來確定作者及作品年代，但在目前要區分早期各組小說中，仍需參考語言文字的標準。他認為，並不是要完全不顧文本風格，而是在這樣的條件下適當的使用語言標準來判斷。他將元代雜劇、元代平話敘事作品及平話以外的小說，這三類文學作品中的二十五個語氣用詞以出現數量做比較，他發現有一詞「休」似乎能有效的符合早期的母群體，它總共出現在九篇早期小說中，其中只有一篇不屬於母群體。

　　這樣的結果證實了，可以用語言特色來區別小說母群體。當然不是出現「休」字就保證該小說為最早期的小說，但不出現該字也不能保證小說不是最早期的。而韓南也從前面已經確定的早期小說風格特點的標準中，來確定早中期小說的分期。利用語言特色及風格特點這兩項去驗證早期的14篇小說，他發現這些小說明顯的形成同一種最早期小說的類型，除了其中兩篇應替換外，其餘12篇皆符合〔註17〕。

　　韓南已經利用現有資料勾勒出一組最早的小說，但沒有對「最早期」的年代下定義。他指出如果假設古今36確實為陸顯之所做，那就能將剩下的小說

〔註14〕韓南推測「行在」一詞可能來自馬可波羅的「Quinsai」一詞，指南宋時期的杭州。

〔註15〕這五個稱號為：「司理院」、「節級」、「左班殿直」、「部署」、「押司」。

〔註16〕14篇小說為：古今15、古今24、古今33、古今36、通言8、通言14、通言16、通言19、通言28、通言37、恆言31、洪本2、洪本8、洪本15。

〔註17〕韓南認為，以上述標準來檢驗，其中通言16、通言28與母群體的基本上無關聯，反而是另外兩篇通言20、恆言14與母群體有聯繫。所以他認為應將前者剔除出母群體，並納入後者成為新的早期小說的母群體。

部分的定下寫作年代。因為如果認為這篇小說大約作於 1300 年,那同為相同年代的這組最早期的小說應作於 1300 年,並且年代不會早太多。由於這組小說年代肯定早於其他早期小說,而其他小說又是作於 1450 年之前,因此可以將其他早期小說年代確定於十四世紀初葉至中葉的數十年間。雖然確定較晚年限尚未有明確的證據來證明,但只能估計最早的小說必定寫作於元代。

除了對 14 篇是最早期小說的推斷外,韓南也對其他小說做出一些結論。他將小說分為 A、B、C 三組,A 組為 14 篇最早的小說,大多數可確定為是元代;B 組為與 A 組作品相似,但仍缺少明顯特徵的 8 篇小說;最後是寫作時期明顯晚於 A 組的 C 組 12 篇。在此韓南已經將早、中、晚期小說用「風格判準」做一界定,接著他討論寫於不同時期的作者、來源及類型。

第三節　中國早、中、晚期白話小說的作者及形式

接著韓南提到關於早、中、晚期小說的作者及形式研究,我們試列點分別說明之:

一、白話小說的作者問題

在分析「風格判準」的過程中,原本只是要判斷出該小說的確切年代,並不是要把小說歸於哪個作者。然而韓南在分析的過程中發現,透過某些後期標準,也許能發現這是某個作家的獨特手筆。證明作家風格首先要先處理兩種狀況,一是使用「風格判準」或語言文字來證明同一作品中的兩個部分不是出自同一人之手,二是使用這兩種標準證明兩部單獨的作品是出自同一人之手。前者在一般情況下能判斷作品本身有相同的標準,後者可能就會產生誤差,因為同一作者在不同時期所根據的目的、方法都可能不同,就算相同也可能會隨著作者的其他狀況產生變化。韓南認為,我們最多只能指出一些句式,找出與作品的關聯性,並將作品與同時代的其他作品做一區別。

韓南分析晚期小說標準,發現其中有些使用相對集中的標準,如後期小說標準(d),它全部出現在《醒世恆言》的晚期小說中,十八篇小說〔註18〕中有 81 例,而這十八篇小說佔晚期小說總數的四分之一。由於它只出現在「三言」

〔註18〕恆言 4、恆言 6、恆言 8、恆言 10、恆言 15、恆言 17、恆言 18、恆言 20、恆言 26、恆言 27、恆言 28、恆言 29、恆言 30、恆言 34、恆言 35、恆言 36、恆言 37、恆言 39。

中的其中一冊，且集中在晚期小說中，令人認為是否是出自同一作者之手。要證明這個觀點，韓南找來另外四組標準來驗證，首先是後期小說標準（j），（j）雖不像（d）那樣常見，但也僅出現在《醒世恆言》的晚期小說之中。其次是後期小說標準（b）「又想道」，他將（b）稍作變化成「卻又想（道）」，使其符合只出現在《醒世恆言》中。再者，使用可能成立為標準的「怎樣」〔註19〕加強此分類。最後，是位於思想活動之前的「暗道」〔註20〕，這樣標準也只出現於《醒世恆言》中。

　　根據上述五個標準，我們可以精確地看出這組小說的數量。顯然分析出來的 22 篇小說有別於其他「三言」小說自成一組，對於這 22 篇小說無法再做細分，因為這些標準的重疊已經到達可觀的數量，沒有必要再訂定特殊的標準來做檢驗。韓南認為我們可以肯定地說，這組小說是出自同一作者之手，他稱這位作家為「X」，其小說為 X 小說。

　　首先韓南推測作家 X 也許是馮夢龍，但是馬上就被證明不是，因為確定為馮夢龍所做的作品中並沒有任何 X 小說的特有標準。韓南在《中國短篇小說》中也提到之所以認為《醒世恆言》中作者 X 與馮夢龍不同，除了用詞、故事類型有差以外，最大分別兩者的特點是，他們對女性的態度不同。在這個問題上，馮夢龍持新觀點，X 持舊觀點。X 傾向於把他筆下的女主角們寫成孝道的典型，模範的家庭主婦，讓她們以美德的絕對力量來統治男人，但卻沒有把她們作為男人來認同。〔註21〕另一方面，關於作家 X 的線索卻在明末短篇小說集《石點頭》中，發現令人驚訝的相似之處。標準比較如下表（表七）：

表七：X 小說與石頭記的標準比較

標　準	後期標準（d）	後期標準（j）	卻又想（道）	怎樣	暗道
X 小說（22 篇）	81 例	9 例	22 例	52 例	20 例
石點頭（14 卷）	14 例	無	2 例	5 例	15 例
備註			石點頭中還有三例相似的		

〔註19〕「怎樣」雖未歸於後期小說標準，但也能肯定是有效的晚期標準。它只出現在一篇前期小說的最後一節，但韓南已經證實該節為馮夢龍所著。
〔註20〕「暗暗道」也列入。
〔註21〕見 Hanan Patrick, *The Chinese Short Story: Studies in Dating, Authorship, and Composition*, p101.

　　雖然這些標準在兩書中出現的次數不同,但相似處還是值得注意的。由於標準剛開始是為其他目的所作,並且還能舉出非「風格判準」的其他證據,因此不需要再進一步求證。但是也能就現階段的證據來看出 X 小說與《石點頭》的相似之處,且與「三言」的區別。

　　韓南指出除了文本證據外,還有其他證據能證實兩者之間的聯繫。首先作為 X 小說主要出處的《醒世恆言》與《石點頭》關係非常密切。馮夢龍為《石點頭》作序,且《石點頭》出版者以刊行《石點頭》、《醒世恆言》及馮夢龍的《新列國志》三部小說的原刻本聞名。其次,X 小說的內容常將著名的唐代傳奇文言小說改編為白話,這也正好是《石點頭》的特點。再者,兩者都含有大量的色情或淫穢內容。最後,兩者都詳細的描寫了農民階級的生活。因此韓南指出,雖然無確切的證據,但若沒有其他更為充分的理由,應該可以認定 X 小說及《石點頭》是出自同一人之手。且這個作家 X 在某種程度上也參與了《醒世恆言》的編輯工作。如果這推斷沒有錯的話,作家 X 便是中國最多產和最優秀的短篇小說家之一。

　　既然能找出至少 22 篇是同一人之手,是否能再利用這樣的方法來找出其他不同作者寫作的另外幾篇小說。韓南認為,除了少數例外要執行這樣的推測是困難的。這些小說的文體都相當簡潔,只有常見的幾種風格,韓南指出這些小說不像 X 小說富有豐富的口語詞彙,僅能透過內證中區別出無名作者的 9 篇小說。韓南透過「風格判準」及內證分析了「三言」中的小說,他推斷共有 48 篇的主要作者應是「三言」的編者馮夢龍,他也將「三言」與馮夢龍的文言小說集做一關係分析。

　　中期小說中有三篇〔註22〕是屬於同一作者,就中期標準而言這三篇比其他中期小說關係更為密切。它們均以杭州為背景,並都寫犯罪故事,是典型的公案小說。它們之間的共同點更多,如有寫藥材生意、涉及絲織業、商人家中都有獨子、有人患有先天性疾病等,這三篇小說是中期小說完成度最高的,若這三篇小說真屬於同一人之手,韓南根據資料推測這個作者應處在中期較晚的年代。下面試以表格列出韓南所分析出的卷數及其作者判斷(表八)。

〔註22〕古今 26、古今 38、古今 3。

表八：韓南所分析出的卷數及其作者判斷〔註23〕

	喻世明言	警世通言	醒世恆言		喻世明言	警世通言	醒世恆言
卷一	△			卷二一	○	△	
卷二	○	△	△	卷二二	○	△	X
卷三	B	○	A	卷二三		△	K
卷四		○	X	卷二四		H	M
卷五	○	△	△	卷二五			X
卷六	○		X	卷二六	B	△	X
卷七			M	卷二七	○	H	X
卷八	○		X	卷二八	△		X
卷九	○	△		卷二九	※		X
卷十	○		X	卷三十	※		X
卷十一		△	K	卷三一	△	△	
卷十二	○	△		卷三二	△	△	△
卷十三	○			卷三三			
卷十四	○			卷三四		△	X
卷十五		△	X	卷三五		△	X
卷十六			X	卷三六			X
卷十七	△	△	X	卷三七	E		X
卷十八	△	○	X	卷三八	B		X
卷十九	E		△	卷三九	○		X
卷二十			X	卷四十	△		A

　　簡單將韓南分析的可能作者整理成表，其中看到被韓南認為確定是馮夢龍所做的文本達 16 卷（以○表示）；而可能為馮夢龍所作，但文本證據無法肯定的作品有 27 卷（以 r 表示）。屬同類標準的 X 小說有 22 卷，且集中在《醒世恆言》（以 X 表示），其餘部分不在此贅述。

〔註23〕表中圖示簡單說明如下：○為肯定為馮夢龍所作；△為「有可能」是馮夢龍所作；X 為作家 X 所作；A 為非馮夢龍所作；B 為同一作者所作，但不確定作者是誰；E 為同一作者所作；H 為確定非馮夢龍及作家 X 所作；K 為同一作者所作；M 為有可能是作家 X 所作；※《古今小說》卷二九結尾為馮夢龍所作，卷三十入話、結尾皆為馮夢龍所作。其餘空白處，為資料欠缺無法推斷作者。

　　韓南認為，早期與中期小說最難解決的是作者問題，目前已知元代作者陸顯之為《古今小說》其中一篇的作者。而其他小說則需要其他標準或是內、外證來證明，總的來說，有接證據表明敘述者寫作自己的素材，還有直接證據指出作者，有間接證據表明一群寫作戲劇的作者群或許也會寫小說。

　　他指出在做作者推測時，應該也要對作者含義做一界定，並根據寫作方法對作者分類。他認為按照此法，會有四種主要的作者：首先是從頭創作小說的作者，所做的情節沒有出現在其他任何地方；其次依據現有口頭短篇小說來寫作的作者，肯定並改進現有的口頭文學的價值，把口頭改為書面形式；第三依據現存文言小說來寫作的作者，這些小說比一般小說寫得更為精緻，並且沒有文理不通的情況；最後是根據現有其他小說文類或戲劇來寫作的作者。

　　依目前現有的證據來看，後三種作者的寫作過程在早期小說中都是非常重要的，它們各自有不同的結果。以文言記事寫作的比依口頭小說寫作的作品更為精練完整，這樣寫作方法的不同或許比不同作者更能說明作品之間的差異性。

二、白話小說形式

　　韓南認為一般來說，晚期小說的來源是文言記事，形式則出自前期的白話小說。在劃為晚期小說的 78 篇中就有 46 出自文言記事。但是沒有任何證據表示晚期小說的來源是出自口頭材料，例如，沒有證據表明晚期小說使用了職業說書人的口頭敘事手法。我們只能知道，口頭流傳的故事為說書人也為文言小說提供了材料。他也提到，白話敘事文也很少成為小說的底本，一些前期的短篇小說以及一些晚期小說都有改編的情況。有些小說出自明末的公案集，也有一些少數出自戲劇。

　　有別於文言小說的形式，對於短篇小說形式上的規則，韓南認為存在著一種傾向，與形式現實主義相關，原因出自於對白話小說要求完全地呈現而進行的改動。改動的原因應當不只如此，其他重要的原因有：將情節複雜化，把文言小說內的一個事件擴寫為兩個或更多，再來還有關於敘述者的評論運用，如要說教、吸引觀眾等，也會使小說有所改動。

　　韓南指出，不能因為白話小說是改寫於現有的文言小說，就貶低其價值意義，白話小說是屬於不同敘事文類而創作出的文學作品，它的形式概念、細節特徵，也正是它獨有的特色。晚期小說的形式是忠於前期小說的範本，在晚期

小說上很難發現前期所沒有的特點及手法。兩個時期的小說在形式上還是有一定程度的差別，但這差別主要存在故事類型、人物性格的概念、道德的複雜性等方面。

中期小說的形式較為簡單，幾篇中期小說和年代不詳的小說在形式上類似於唱本，有些則有大量的篇幅是採詩歌形式的對話，韓南指出或許這種相似可以說是偶然的，但在其中兩篇小說〔註24〕卻有證據能肯定確實是代表了明代的唱本。首先洪本7是通俗文學的精心傑作，主題和形式完美結合，小說中的韻文一韻到底，偶有換韻，保留了說唱形式的原貌，是通俗文學的標誌。

其次洪本14是散文記述文，其中用來描寫、概述和評論的歌詞均為同一詞調。他和一種稱為敘事的「鼓詞」〔註25〕的唱本有明顯的相似之處。然而這樣由口頭文學轉為書面樣式的確切方式是模糊不清的，韓南認為，依據唐代小說所改寫的入話來看，語言是文言的，不可能完全照樣口述，這表示小說是必需對說話人的底本做某些改動。

還有一些能區別中期小說與早期小說的形式上特點，中期小說通常較少使用駢文的描寫，也沒有採用詩詞連綴的入話，這些小說的入話通常根據文言作品來做改編。

早期小說中有幾篇是由文言記事改寫為白話形式的，這些文言記事早於白話小說，並且確定小說是取自文言記事的。為了能證明小說是直接取材自文言記事，韓南提出必須對兩者文字關係的性質做出規範，即共有的文字必須是廣泛的，必須具有一定的數量，不僅是人名或地名，且必須不是局部只在某段落中出現的。

文言小說要轉化為白話小說勢必會有一些更動，除了敘述變得詳細外，在故事的安排上也會有所差異。如白話小說會將文言小說中的事件增加篇幅。而在對話方面，白話小說則會增加一些問答式的對白，這在戲曲中常見，但在文言文本中卻極少出現。

韓南指出在早期白話小說中最獨特的特點便是「詩詞連綴式入話」。這種入話僅出現在早期7篇小說〔註26〕中，可見這是非常早期的特點。而具有書

〔註24〕洪本7、洪本14。
〔註25〕中國宋代說唱藝術。和變文相類似，由韻文和散文相雜構成，篇幅較為短小。流行於北方，用鼓和三弦等樂器說唱而得名。
〔註26〕這7篇小說分別是：古今15、古今33、通言8、通言14、洪本3、洪本8、錢塘夢。

面形式的小說都沒有詩詞連綴式入話,因此韓南判斷詩詞連綴肯定是口頭短篇小說的特點。詩詞連綴在各篇小說中各自有些差別,主要大部分的詩詞連綴式入話是將選自其他詩詞的不同詩詞巧妙的組合在一起,給人一種富有才學的深刻印象。

　　入話跟正話有時銜接得很牽強,有些甚至沒有明確的關聯。儘管詩詞連綴式入話各有不同,但寫作的共同目的都是對藝術的鑑賞。即使詩詞不好也是對藝術的熱情,韓南認為就入話本身引導入正話的功能而言,這樣的熱情不僅是藝術的鑑賞,更是成為一種嬉遊。他提到,入話真正的作用是給敘述者一個機會去維護他對小說的支配權,並展現他的智慧、技術及想像力。

　　詩詞連綴式入話與正話的聯繫證實了早期小說的普遍特點,即間接的開場。中晚期小說的開場通常寫主角的門地、世家、身份、性格等,而早期白話小說則是使用間接的方式,如假託的歷史、次要人物的故事、引起主要情節的神話故事等,間接地讓讀者了解故事的發展。

　　在早期白話小說中也存在另一個特點,就是它們對個人道德缺乏興趣,且喜愛用揭示的情節。韓南指出這裡可看出早期白話小說特別注重純粹的敘事趣味和懸疑手法。而缺乏明確或含蓄的道德說教,非常明顯見於早期白話小說,比起中晚期小說的道德意識,早期小說的作者絲毫不關心道德的界線。

第四節　反映在韓南文學批評中的西方觀點

　　韓南身為美國漢學家,在對中國文學的研究上他以域外學者的身份來進行研究,由於國外學者對中國傳統文化的陌生,相對的不受中國文化傳統觀念的束縛,而能從不同的視角或切入點來研究古典白話小說,因此能夠透過系統性及科學性的研究得到不同於中文學者的見解,他利用形式主義及結構主義來分析進而研究出方法來討論中國白話小說。前幾節提到韓南對中國白話小說的語言、敘述形式及分析方法,這些韓南所使用的方法都是建立在他的西方文學理論上去構築而成的。本節筆者將略探西方的形式主義(formalism)及結構主義(structuralism)理論研究概況,並探討韓南如何將其應用在中國白話小說的研究上。

一、形式主義(formalism)

　　形式主義是 1920 年代起源於莫斯科和聖彼得堡的一派文學理論及分析

法。「形式」（form）是文學批評中出現頻率最高，也是最具歧義的術語之一，它常被用來指文類或文學典型體裁。最初在俄國的形式主義被賦予貶意的意思，因為反對者認為形式主義只關注文學的技巧設計，而把作品的題材及社會價值排除在外。但之後形式主義又成為中性不具褒貶意思的名稱。俄國形式主義的代表人物是 Boris Eichenbaum（1886～1959）、Victor Shklovsky（1893～1984）及 Roman Jakobson（1896～1982），之後因政府打壓俄國的形式主義中心便移到捷克，Boris 也移居至此。包括他在內及其他如 Jan Mukařovský（1891～1975）與 René Wellek（1903～1995）組成的布拉格語言學學會（Prague Linguistic Circle）推動下，形式主義的理論得以繼續發展。而在 1940 年代開始，Boris 及 René 在美國大學擔任教授，繼續從事具有影響力的研究工作。

形式主義把文學首先視為一種特殊的語言用法，並指出文學語言的用法和語言的日常、實際用法之間是對立的。形式主義認為日常語言的主要功能是透過語言之外的世界向聽者傳遞資訊；相反的，文學語言則是自我封閉的狀態，因為它的功能並非透過外界來傳遞訊息，而是透過吸引讀者來注意到自身的「形式」上的特徵，好提供讀者一個特殊的體驗模式，而文學語言產生的形式主義是以文學性為導向。

形式主義在小說方面的理論，主要劃分了故事和情節之間的區分。它們認為，作者應使用各種破壞事件原有順序，使故事要素變形和陌生的手法，進而把一則故事的原始素材轉變為一個文學情節（plot），而這樣的效果就是使得敘事媒介和手法前景化，並以此破壞和更新一般人對題材的習慣，產生新鮮感。

美國的新批評主義（New Criticism）〔註27〕是獨立發展的，然而有時卻會被稱為「形式主義」，因為它和歐洲的形式主義一樣，強調把文學作品看成由內部關係構成、獨立於作者心境和外在世界之外的一個自足的語言實體來加以分析。新批評的方法論主要是細讀，I. A. Richards（1893～1979）〔註28〕在

〔註27〕一種關注文本主體的形式主義批評，認為文學研究應以作品為中心，對作品的語言、構成、意象等進行細緻的分析。但新批評從來不是一個統一的流派，是由後來的文論史家對 20 世紀 20、30 年代以來在英美新興的批評傾向的一種概括。

〔註28〕瑞恰慈，英國文學批評家、詩人、英語教育家。他是新批評學派的創始人之一，也是基本英語運動的主要傳播者。瑞恰慈將語義學、心理學、哲學等引入文學批評理論。其代表作包括《意義的意義》、《文學批評原理》、《科學與詩》、《實用批評》、《修辭哲學》等，對 20 世紀西方文學批評理論有著深遠影響，被譽為「現代批評理論之父」。

《實用批評》〔註29〕裡提出詩的四個意義：意識、情感、語氣、意向，好詩的結構具有張力，語言充滿反諷、悖論、含混，唯有透過細讀才能真正的掌握一首詩。同樣是形式主義，新批評與俄國形式主義都同樣關注文本的主體，區分文學語言與實用語言，強調詩的動態結構，但俄國形式主義主張內容只是作為形式的一個方面而存在的，比起新批評而言更傾向於形式主義。

　　二十世紀末，許多理論學家提倡形式主義研究方法，這種回歸形式主義的潮流是基於重燃對格律與美學的興趣。起初主要是為反對新歷史主義而提出，但在這幾年間所謂的新形式主義（New Formalism）則提出將文學的形式層面與歷史、政治及世界的關係連接起來，與形式主義初期的定義不同。形式主義在學術方法上則是著重於使用符號、標記、或一些規則，去使得出來的結果與實驗或其他計算的方法相同的行為。這些標記和規則，並不一定有數學上的對應語義。在這些情況之下，計算的方式通常稱為「完全形式化」。

二、結構主義（structuralism）

　　結構主義是一種以符號（signs）為基礎的理論，它認為人類文化包括文學均可分別藉由一種符號結構去瞭解它的意義。結構主義強調符號學（semioties）的符號意義，而符號學是研究語言的象徵符號。Roland Barthes（1915～1980）〔註30〕就企圖在語言的背後找回失落的文化意義，正如另一位語言學家Ferdinand de Saussure（1857～1913）〔註31〕提出，要了解個別的「語言活動（parole）」就必須先瞭解整個社會的語言系統。文學作品不能單獨來看，必須將其放在整個文體系統中來看。

　　俄國形式研究學者 Vladimir Propp（1895～1970）〔註32〕在處理民俗學時便把約 200 多種俄國民間神話故事分門別類，以各種不同符號代表不同種類的功能，如英雄、壞人、救援者等，他稱為人物功能（character functions），以

〔註29〕 見 I. A. Richards. *Practical Criticism: A Study of Literary Judgmen.*（San Diego : Harcourt Brace Jovanovich, 1929）.

〔註30〕 羅蘭‧巴特，法國文學批評家、文學家、社會學家、哲學家和符號學家。巴特的許多著作對於後現代主義，尤其是結構主義、符號學、存在主義、馬克斯主義與後結構主義思想的產生了很大影響。

〔註31〕 斐迪南‧德‧索緒爾，瑞士語言學家。索緒爾是現代語言學之父，他把語言學塑造成為一門影響巨大的獨立學科。他認為語言是基於符號及意義的一門科學。他在很大程度上深刻影響了結構主義和解構主義，並創立了符號學。

〔註32〕 弗拉基米爾‧普羅普，俄國的一位文學結構主義學者，普羅普最重要的代表作品為故事形態學。

及故事內的情節、困難、處境等互動，分別以 A、B、C 等符號來表示，且整理出 31 條公式結構由字母符號組合而成。這些公式套用在各地的民間故事都可以運用，因此自成一套符號結構系統。

人類學家 Claude Lévi-Strauss（1908～2009）〔註33〕企圖從神話結構系統整理出世界文化意義。他除了襲用二元對立（binary oppositions）〔註34〕方法，在同一神話特徵的比較中，往往能在異同二元對立中找出第三類調和的結果。李維史陀受雅克慎語言學的影響，把各類神話盡量縮減為有如語音最微小單位的「語素」（morphemes）成為符號，然後再用科學態度把它們彼此關係整理出一個理論結構。

在分析文學的領域，結構主義能將一個故事中各元素的結構揭露出來。如，《西城故事》和《羅密歐與茱麗葉》的關聯性，儘管這兩齣戲劇發生於不同的時間與地點，結構主義會認為它們屬於同一個故事，因為它們具有相似的結構。在這兩個故事中都有一個女孩與一個男孩墜入愛河，然而他們的家族彼此仇恨對方，這個衝突最後經由他們兩人的死而獲得了解決。且如果有另外一個故事是兩個彼此友好的家庭為他們的小孩安排了一場婚事，然而他們的子女彼此仇恨對方，而最後這場衝突的解決辦法是兩個子女用自殺來逃避這場婚事。結構主義會認為後面的故事是前面故事的「倒置」，因為愛情價值以及兩對團體的關係剛好是顛倒過來的。總而言之，結構主義能從一個故事中將其所代表的「意義」揭露出來，而非找出作者的意圖。

三、韓南形式主義與結構主義之應用

在本章前三節中提到韓南的方法論，韓南在其方法論中及小說分析的觀點中都可以輕易地看出他受形式主義及結構主義的影響。最主要可以看出他的西方理論在於他所提出的「風格判準」，他以形式主義來界定語句及語言形式的不同，即將其分類，運用統計的方法來驗證其論點，再者一般中文學者並

〔註33〕克勞德·李維史陀，著名的法國人類學家，與弗雷澤（Sir James George Frazer，1854～1941）、鮑亞士（Franz Boas，1858～1942）共同享有「現代人類學之父」美譽。他所建構的結構主義與神話學不但深深影響人類學，對社會學、哲學和語言學等學科都有深遠影響。

〔註34〕二元對立是批判理論上的一對相反的理論，它們通常會以階級形式出現。在結構主義理論中，二元對立論是解釋人類基層思想、文化與語言的一種相當有力的工具。二元對立最經典的例子，是理性（rational）與感性（emotional）的二分；而在西方哲學中，理性一向比感性獲得更高的評價。

不會使用這樣西方式的科學證據。然而韓南卻運用這些統計化、數值化的證據來證明其論點,雖然他也認為這樣的方法還是有其風險,但在文本材料侷限的情況下,這樣的方法卻也能在漫長的中國文學研究中走出一條活路。

而結構主義的應用是在韓南對於小說文本內容探討中出現,他在考證文本時也會運用故事中的情節來將其分類,如他就將早期小說依照主題和結構分為四種類型,公案小說、鬼怪小說、傳奇小說及連環小說等。主題結構的分析在他的白話小說中佔很重的部分,藉由分析結構,他將其分類並再細分其內容,探討內容背後所存在的含義。

綜言之,韓南的治學有兩點值得注意。第一點是他的考證功夫。他的許多著作基本上是考證,他所選擇的課題,往往都是他經過仔細爬梳,從大量第一手資料中得來的,有許多文獻,正是由於他的發現和使用,才開始為學術界所知道。他把西方的敘述學和喜劇理論等運用在對中國小說的研究中,對中國讀者來說,又提供了另外一種新思路。第二點是他運用西方文學理論對中國古典小說的研究。韓南借鑑許多學者的理論,建構了自己的分析學綱要,來探討作品內涵。韓南有意識地調和各家學說來建立自己的敘事學體系,在中國古典小說理論中是一個創舉,但他並沒有完全照搬西方文學理論,而是根據中國古典小說的實際情況作了應有的調整。

第六章 韓南之中國白話小說研究之意義與定位

　　國外漢學家對中國小說的研究，自有其特殊的理解方式，並顯示了他們的思想方法和理解的角度的特殊性；在中國小說的研究中，白話短篇小說可能是史料較難以處理的一個學類，因為要判斷作品作者、來源、創作時間相當需要時間與精力。對於使用中文的學者，考證就需要一定的時間及對文本的了解，然而，令人感到驚喜的是，美國漢學家韓南對於中國白話短篇小說的研究，表現出傑出的跨文化研究精神，及高學術性的水準，為研究中國白話短篇小說注入活水。

　　本章旨在將韓南的中國白話短篇小說研究放到整個美國漢學界之中國白話短篇小說研究背景下加以檢視，透過美國漢學界的中國白話短篇小說研究，呈現韓南在中國白話小說方面研究的意義；並藉由考察兩岸學界白話小說的研究成果，來說明韓南中國白話小說研究的獨到之處，及其在本領域研究的定位。

第一節　韓南之中國白話小說研究之意義

　　美國之研究中國白話短篇小說屬於少數，大部分學者研究的都是單篇小說、某部小說集或某位作家的小說作品。而韓南便是第一位將中國白話短篇小說做一統整性研究及分類的學者，關於韓南的中國白話小說研究，其意義及特色有下列幾點：

一、提供研究短篇小說的新方法──「風格判準」

韓南研究白話短篇小說時，考慮的不只是文本本身的內容，他所考慮的是整個中國白話短篇小說的歷史及發展脈絡，直到近代才有許多當時的話本小說、小說集在各國圖書館典藏中被找到。韓南爬梳大量的文本資料，就是期望能整理出中國白話小說史的流變。韓南也坦然說到，目前學界尚未有能完整整理、分辨中國白話短篇小說的研究法，因此我們只能利用現有資料，做有限的整理。

於是他提出「風格判準」，他利用文本中的內證、外證，如時代背景、地名、機構等名稱，提出盡可能結合使用各種間接證據，觀察它們互相驗證的程度來作為判斷年代的方法。他認為在此可以使用小說中的內證來區別時間順序的先後，而不是如同前人研究一樣只用來確定年代。

一般來說作品的語言文字經常被拿來當作判斷的標準，文體的風格則較少受到考慮。然而語言文字的標準對於小說這樣一個複雜文體的文類來說就顯得較無意義。但若只考慮語言文字不去考慮文體風格，便可能導致錯誤的研究方向，這是研究者要小心處理的。韓南將此概念應用到中國白話小說上，首先他必須區分構成這種小說的主要文體類別，小說中的對話顯然是一大類型，其中又包括許多不同類型。

白話小說共有的語境具有相當重要的意義，除了語言及文體外，重要的語境還有敘述者、讀者及兩者在小說中互相交流的情況。一般來說，小說中的敘述者及讀者都沒有固定或指特定的對象，因此在整個白話小說的歷史中是不變的，這樣的語境也在不同程度上體現出口頭文學的情況。根據他的分類他將中國白話小說分為三階段，早期（1250～1450）、中期（1400～1575）及晚期（1550～1627）。

使用風格作為確定年代的標準，韓南認為首先要搞清楚我們是否能分辨短篇小說這一類文體的各時代風格。我們應挑選就我們所知兩個只在寫作時期不同的作品，然後分析它們在風格上是否存在著規律及系統上的不同。藉由這樣的方法，他首先區分出能確定寫作年代的作品，再將其文本做一風格上的判斷整理出共同的標準。運用這樣得出來的標準，韓南再進行標準的檢驗，來考證這些標準的可行性。確認可行性後，就能證明這樣的標準判斷方式能夠解決中國白話小說年代先後的問題。

在美國漢學界中，有關白話短篇小說的歷史研究稍嫌不足，大多學者只針對單篇小說進行版本的考察及敘事技巧的分析。如畢曉普的《中國短篇白話小說：以三言為研究對象》中分析了「三言」的敘事技巧並考證「三言」故事的來源。

而白芝則在〈話本小說形式上的幾個特點〉中以《京本通俗小說》為例，分別從入話、說書人話語等五個方面對話本小說進行詳細的語言學分析，他指出入話及說書人話語以口頭文學的痕跡保留在現存文本中，具有一定的意義及價值。另外白芝在〈馮夢龍與「古今小說」〉中分別探討四十個故事的分類研究、四十個故事的聯繫、馮夢龍的作品及馮夢龍的角色。他依據文本的外部及內部證據對古今小說進行細微的考察和分類，最後他認為馮夢龍在《古今小說》中所充當的角色主要是選取和編排故事，以及點評和作序。

馬幼垣在《中國小說史集稿》中藉由分析多篇話本小說，探討西方「騎士」與中國「俠」的異同，他認為兩者是不同的，且話本中的俠是經由根深蒂固的傳統、讀者的期待、寫作風格及約定成俗的情景主題所構成的。另外馬幼垣在《傳統中國小說：主題與變化》〔註1〕中對話本小說做了四個定義〔註2〕，這些定義明顯是以對中國短篇小說的形式及文本做分析為出發點，他也在書中指出應該通過話本小說的主題思想來關注當時人們的生活狀況。

雖然美國漢學界對於話本小說的文本及語言有進行深入的研究，然而並未完整的全面討論白話短篇小說的歷史過程。而是只針對單一作者或文本本身做語言學的分析或翻譯而已。韓南則是在語言學的研究論點上加以變化，試著解決困擾學者的年代問題。韓南「風格判準」的確立為早期無法判斷年代，只能藉由文本分析內容，並猜測作者寫作想法的研究，拓展出一個新的方向及方法。韓南認為判斷短篇小說的歷史並將它分期，更能有效的運用歷史背景、作者來判斷文本的內涵，並給予正確的歷史定位。

二、積極創新，中西研究方法的靈活運用並提出新觀點

學術研究最難能可貴的就是提出新觀點，否則就是老生常談，沒有新意。

〔註1〕Y. W., Ma & Joseph S. M., lau. *Traditional Chinese Stories: Themes and Variations*, （New York: Columbia University Press, 1978）.

〔註2〕四個定義分別為：使用白話創作並穿插說書人的專業術語、自由混合新舊語言、為達到敘述描寫的目的經常使用韻文和成語及詩詞、故事正話前會有入話。

韓南在進行「風格判準」的分析時，也意外透過標準來發現，也許這些標準能證明該作品的作者是誰。韓南在證明作家風格首先要先處理兩種狀況，一是使用「風格判準」或語言文字來證明同一作品中的兩個部分不是出自同一人之手。在一般情況下能判斷作品本身有相同的標準；二是使用這兩種標準證明兩部單獨的作品是出自同一人之手。但可能還是會產生誤差，因為同一作者在不同時期所根據的目的、方法都可能不同，就算相同也可能會隨著作者的其他狀況產生變化。

藉由「風格判準」及韓南的爬梳整理，他認為，依據現有材料的證據，《醒世恆言》的作者應該不是馮夢龍，而是《石點頭》的席浪仙。他認為在《醒世恆言》中曾出現過兩個署名，署名是校點者的「墨浪主人」可能就是執筆者。韓南認為席浪仙與馮夢龍的關係相當密切，馮夢龍曾為《石點頭》作序，且《石點頭》出版者以刊行《石點頭》、《醒世恆言》及馮夢龍的《新列國志》三部小說的原刻本聞名。

美國漢學界中研究白話短篇小說的研究者如白芝在《「古今小說」考評》中提到馮夢龍在《古今小說》中所充當的角色主要是選取和編排故事，以及點評和作序，間接地提到馮夢龍可能並不是作為書籍的創作者。然而大多美國漢學家所關注的只有「三言」的第一本《喻世明言》，對於另外兩本的研究就較少了。

再者韓南還有另一個新的觀點，他將艾衲的《豆棚閒話》的地位向上提升，將其定位為框架小說在中國文學史上具有獨特的地位。《豆棚閒話》不只改變了舊時的敘述習慣，去掉敘述者的判決效果，也放鬆對情節架構的要求，如最後一則故事只是講學和討論也可以成為一則故事，這是以新的形式作為小說結尾。早期小說作者會認為《豆棚閒話》結尾處所寫的，充滿含糊又豐富的手法，留下許多想像空間的方式不夠完整，但韓南認為，這反而是一種引人注意的結束方法。

除了結尾處的創新寫法，韓南指出在小說集的故事中也有一些開頭具有創新處。他認為艾衲使用了文言散文簡潔生動的語言然後用說書人的口氣描寫出來，是屬於不同於職業說書人的口頭即興小說。而在小說集中，有一些使用第一人稱說明情況的段落，也使韓南難忘。

韓南援用西方文學理論分析白話小說，並對小說的歷史作出更具系統及邏輯性的研究成果，但在中西理論的融合下，他也有自己獨創的研究方法。從

韓南的研究成果中往往會不自覺佩服他的治學嚴謹及資料爬梳的功力，他從作品的文本出發，藉由文本本身來探討作者的思想及價值。

韓南以西方理論的新批評方法及結構主義帶出自我的研究觀點，在美國漢學界關於新批評理論的應用，較有名的學者如高友工、宇文所安等，皆使用新批評及結構主義的方法來探討文本，具有豐富的學術性，影響許多後繼的美國漢學學者。

相較之下韓南雖然也採用新批評形式主義的方法，卻不受形式主義的限制，在評論文本時能靈活運用西方研究方法，從獨特的角度切入，且發展出新的、融合的研究方法。韓南在分析文本證據時，除了理性的觀察，也對中國傳統文化帶有理解性，不會像一般域外學者在研究中國文化材料時，會強加生硬的西方評論，不能以中國傳統文化背景下去分析。

韓南作為一個研究者，積極創新，不時提出新觀點。他的專書《中國短篇小說》及《中國白話小說史》的內容，都再再凸顯出他積極創新的精神。韓南作為域外學者研究中國白話小說，雖然有其濃厚的西方理論，但在研究中國白話小說時，卻能融合中西方理論，從不同的角度切入，進而發掘出新的觀點，不被傳統制式的研究所侷限，這樣特殊的研究方法及精神值得我們借鏡。

第二節　韓南之中國白話小說研究之定位

韓南在中國白話短篇小說的研究方面另闢蹊徑，成果也相當豐碩，在美國的漢學界有一定的影響力。為了彰顯韓南中國白話短篇小說研究之成就，本文藉由兩岸學界的中國白話短篇小說研究成果，與之比較，以說明其中國白話短篇小說之定位。

一、關於白話短篇小說分期

關於白話短篇小說的分期研究，中文學界多有各別研究者的分期法，然而卻沒有一種能夠被全部研究者所接受，茲略述如下：

胡士瑩的《話本小說概論》總結古代話本小說自上古迄清末間，發生、發展與流變的過程及其動機原因，概括話本小說的體制和題材分類，分析話本小說的思想內容和藝術特徵。〔註3〕

〔註 3〕見胡士瑩：《話本小說概論》（北京：中華書局，1980 年）。

蕭欣橋在《話本小說史》中提到，話本則是源自唐代的「說話」，而宋代開始則有人開始依據說話的內容編寫成「話本」。過去話本小說的研究都是從宋代開始，因為他認為就算溯及既往，早期的作品也是屬於孕育或萌芽時期。他認為洪楩編的《六十家小說》收錄了許多未加工或只稍微加工的宋元小說話本〔註4〕。

傅承洲在《明清文人話本研究》中提到，對明代話本進行分類研究本身就是一件吃力不討好的事，中外學者的類型劃分無一不受到責難。但傅承洲認為，他並不奢望對明代話本劃分出一個普遍人們所能接受的劃分，而是在進行深入研究的過程中，僅僅為了方便及深入研究時，這是無法避免且必須經過的道路〔註5〕。

許建平在《中國小說研究史》中提到韓南對白話短篇小說的研究引人注目，他認為韓南處處以文本說話，辨別力強，分析精細。因而他的小說分期普遍為學界所接受〔註6〕。

葉桂桐在《中國古代小說概論》中對白話短篇小說做簡略的分期，將白話短篇小說分為兩期，一是唐宋元時期，二是明到清初中葉。前一個時期的高峰為宋，後一個時期的高峰為明末〔註7〕。

而韓南主要區分小說年代分期的方法為以風格來作為判斷的標準，他對小說做簡單分期後，便可使用一些設定的標準將一個階段小說的作者、寫作方式及主題問題做一深入研究分析。韓南指出這樣的方法並不能說是最理想的，但卻是可行的，並且可以透過附加標準進一步增強它的可靠性。在利用「風格判準」分析的過程中，需要不斷地就現有資料來做推論，資料越少，推論就越多，韓南認為若要繼續進行研究，勢必得找出新的驗證方法來做進一步的細分。因此他提出盡可能結合使用各種間接證據，觀察它們互相驗證的程度來作為判斷較早年代的方法。他提到在此可以使用小說中的內證來區別時間順序的先後，而不只用來確定年代。在不斷實驗、分析及驗證下，他得出「風格判準」能有效的將中國白話小說做分期，進而達到整理出中國白話小說的歷史脈絡。

〔註4〕蕭欣橋、劉福元：《話本小說史》（杭州：浙江古籍，2003），頁283～297。
〔註5〕傅承洲：《明清文人話本研究》（北京：人民文學，2009）。
〔註6〕黃霖、許建平：《中國小說研究史》（杭州：浙江古籍，2002），頁233～238。
〔註7〕葉桂桐：《中國古代小說概論》（台北：文津出版社，1998）。

　　如同傅承洲認為的，要將大量的文本做一完整性的分類，本就是吃力不討好的事情。孫太、王祖基在《異域之鏡：哈佛中國文學研究四大家》中提到，他們認為，白話小說的分期是長期困擾學者和史學家的問題，雖然韓南並不是一勞永逸地解決這個問題，但是至少是提供一個可以參考的選項。〔註8〕一般中文學界普遍還是習慣以政權的朝代來做一大概性籠統的分類，韓南提出早、中、晚期的分法雖然頗有新意，但要被中文學界所接受可能還需要時間及中文學界研究者的努力。然，筆者也認為，在沒有新事證的出現下，韓南經過大量資料的爬梳、嚴謹的治學方法研究、科學化的統計所得出來的結論，還是有其可信度，他所歸納的新觀點，應該能為中文學界提供研究的新方向。

二、關於白話短篇小說作者及文本

　　關於白話短篇小說作者及文本的研究，中文學界大多以作者為研究對象，茲略述如下：

　　首先針對馮夢龍，繆咏禾的《馮夢龍與三言》一書中，綜合了前人研究成果，對馮夢龍的生平和文學創作活動作了較詳細的探討和介紹，並客觀地分析了「三言」以及馮夢龍其他作品的思想內容和藝術特色。他認為「三言」的思想內容主要有四點：1. 婦女爭取人權的呼聲。2. 對封建官吏的抑揚。3. 信義和任俠精神的謳歌。4. 瑰期譎麗的想像。他認為充斥在「三言」中的藝術特色也值得注意，首先是曲折動人的故事情節，「三言」編織故事的卓越技巧、擅用小細節、富有戲劇性。其次是豐滿生動的人物形象，許多主要人物的性格在故事發展中表現得相當鮮明、突出、具有特色及典型性。最後是以現實主義為基礎的創作方法，既符合現實生活的實情卻又不是現實生活的單純紀錄。

　　譚正壁《三言兩拍資料》為研究者提供大量資料，主要針對三言及二拍的編撰及體裁，本事源流考據，各作品誕生年代的推斷及對編輯者的考證及人物論等方面的研究。另一本書《三言兩拍源流考》也是相當具有參考價值。

　　「中國小說史叢書」中也有許多研究資料，如蕭欣橋、劉福元《話本小說史》中提到了許多話本小說的起源及題材與內容簡介分析等，他認為構成馮夢龍文學主張的要點共四樣，分別是「情」、「真」、「俗」、「教」。他也認為「三言」具有不可低估的思想價值，但其侷限也是相當明顯的。

〔註8〕見孫太、王祖基：《異域之境：哈佛中國文學研究四大家宇文所安、韓南、李歐梵、王德威》（北京：科學出版社，2016年），頁267。

　　韓南則認為，馮夢龍不太重視文學的性質及價值問題也不重視純文學，他所重視的在於文學的意義及實質上的價值。他強調用詞平易、文風簡潔。他只關心文本內容是否對於世道有幫助。韓南指出，馮夢龍的小說世界觀比起早、中期來得更為廣闊及自由。他的小說世界充滿浪漫主義色彩、傾向儒家思想、關心時事且積極活躍。他的作品裡存在著愛國理想，不是冷靜的現實主義，在私人問題上也都抱持同情心也比較寬容。小說中甚至可以一窺馮夢龍在散曲中展現出來的，不顧一切的浪漫主義。韓南也指出，在這些作品中，馮夢龍也會注意面對的是芸芸大眾，而在一些事實中作一簡單說明。

　　再者關於席浪仙，劉勇強指出《石點頭》在描寫人性、特別是人性的矛盾、複雜及陰暗方面，確實有此前小說所不及處。但是也能在此看出天然痴叟一方面因襲著傳統道德敘述框架，另一方面又從現實生活出發，超越了舊的思維，力圖更真實、更全面地展現人性，在這兩者之間還缺乏協調與平衡，有時會造成小說的混亂。然而這樣介於過渡性的小說，卻是值得我們關注的〔註9〕。

　　徐志平認為，《石點頭》的寫作技巧相當高明，比起「三言」的頂尖之作或有不如，和「二拍」比則毫不遜色。整體而言，全書在思想上比較傳統，不如「三言」、「二拍」進步，但在寫作手法上，無論結構設計、人物刻畫、細節處理都取得相當高的成就。

　　韓南認為，依據現有材料及「風格判準」的判斷，《醒世恆言》的作者應該是席浪仙。他指出席浪仙小說主題強調的似乎是雙方面的，一是承襲白話小說的慣例，以道德說教為主；另一方面，則是他所關注的社會問題。韓南認為，浪仙和當時其他白話小說作者一樣，受到公認白話小說的觀念限制，認為小說一定要新奇，還要具備一種道德意義，顯現出各種「報」的原則。比起前人席浪仙的小說更加凸顯道家精神世界，他也表現出對待道家幻想故事的一種態度。雖然不同於馮夢龍以公眾道德為主題，但浪仙也不是否定一般的儒家道德，在這方面他比之前的作家甚至馮夢龍更為傳統。

　　接著談到凌濛初，楊義認為，凌濛初的「二拍」直接面對市井百姓，通俗性、娛樂性很強，因此在民間廣為流傳。在反應商人的經濟活動和追求財富的人生觀方面，「二拍」顯得更為集中和具體。在肯定「情」對人生的重要價值，更多的是把「情」和「欲」即性愛聯繫在一起，並對女性的情慾多做肯定的描述，對傳統道德的衝擊更為直接。

〔註9〕劉勇強：《話本小說敘論：文本詮釋與歷史構建》（北京：北京大學出版社，2015）。

　　傅承洲指出，凌濛初在《初刻拍案驚奇‧序》中確認，他創作的「二拍」是受到馮夢龍的影響，然而他與馮夢龍不同。相較於馮夢龍，凌濛初不太熱衷宣揚忠孝節義的大道理，而是針對明代社會中普遍存在的各種醜陋現象發表評論，做出是非善惡的判斷，並藉此告誡世人。

　　韓南則提到，從故事構造來看，凌濛初的小說人物比他的敘述者還來得一般、平凡，許多角色都是只有姓而無名的。他指出，凌濛初是超越道德小說的典範，他的小說正面模範都是理智大於良善，敏銳大於德行。而他的諷刺對象大體上是相似的。儘管如此，凌濛初的道德觀還是重視實踐，依據理性和經驗的。凌濛初的諷刺小說，不論明色或暗色都比起他的喜劇小說來得更貼近他的主張。

　　接著提到李漁，楊義指出李漁最終的目的是要走出「三言二拍」的描寫模式和語言規範，在這樣的傳承和走出的張力間，李漁尋找著街談巷語和個人心靈的契合點，把自己的感覺、體驗、趣味和情感投入到話本小說的語言中。他的語氣風格體系雖然不如「三言」那麼凝重厚實，卻別有一番個人化的雅趣和靈氣，增強了語序關係的柔韌感和微妙性，因而也就更富有「文人文學」的意味。

　　杜濬認為李漁小說的寫法與戲曲有異曲同工之妙，李漁一方面是社會罪惡的揭發者，一方面又是封建道德的說教者，展現了他思想的複雜性。他指出李漁在描寫社會弊端時，實際上並不了解社會的病根，因此他試圖解決社會矛盾時，只能落入封建倫理道德的老生常談，離不開三綱五常來挽回淡薄的世風。李漁對人物的刻畫較為重視，認為人物要具有鮮明的性格，要做到一人一故事。

　　韓南分析李漁的文學主張及其作品的內容，他認為李漁最突出的是他的美學價值觀。他存在著一種既是享樂也是審美的觀點，李漁是一位快樂的哲學家也是藝術家。他認為文學的獨創性最為重要，但是卻不能偏離個人的實際經驗，不能延伸到超自然和幻想上。而李漁的小說與戲劇是關係最密切的體裁，因為他也是一名成功的劇作家。韓南認為，李漁要求戲劇是要語言淺白、結構有條理、少用方言及典故、要能被理解的，韓南認為李漁的小說帶有明顯的個人風格。

　　最後則是艾衲，劉福元指出《豆棚閒話》的結構獨創，是具有開拓意義的革新。《豆棚閒話》對當時的社會面貌多有展現，在描寫歷史題材時雖然筆涉

歷史卻無不影射現實。在文中也同時提到儒林醜態、官場黑暗，還針貶了當時社會的種種弊端。他認為《豆棚閒話》對歷史人物的翻案處理頗有新意，在書中化嬉笑怒罵為文章，文筆雅潔豐贍，卻是話本中少有的。

陳大康認為，艾衲痛恨當時的人情淡薄與世風衰頹，他不願隨波逐流卻也無力力挽狂瀾。而且時代環境與歷史因襲的重壓又使他找不到社會的出路和生活的真理。艾衲編撰叔齊歸降的故事以諷刺失節之士，雖然他對亡明有懷念之心，卻又不贊成起義興師去反清復明，相反的他主張接受現實，承認清朝的統治做一個順民。

韓南則認為艾衲的小說不能使用一般的標準來判斷，他所關心的是描寫出來的驚人事實及對故事的解釋，而不是對故事人性的描寫及戲劇化的故事。他的目的是寫出有思想的小說，他運用許多富含模糊意思的歧義。艾衲關心利他主義的道德、遊俠精神等，他所著重的是歷史的因果關係，即是宇宙的善惡。韓南認為，艾衲小說中存在著主導思想，即是懷疑、辨別及抨擊舊觀念，小說中常用機智且間接的諷刺。艾衲的小說有許多取材自被尊崇化的神話或傳說，他以對宇宙道德原則的懷疑出發，用諷刺的筆法來處理。韓南認為，這樣的手法只有十七世紀時的諷刺戲劇可以與之比較。

綜言之，在中文學界關於白話短篇小說的研究種類繁多，韓南的研究是在美國白話短篇小說研究的基礎上更往前推進一步，他開創出研究的新方法與領域。

韓南首先提出「風格判準」，並依此判斷早期作品年代及作者，他認為關於《醒世恆言》的主要編者是席浪仙，而不是馮夢龍，此一觀點確實引起國內外學者的矚目。

中國的白話小說，尤其是短篇小說的斷代問題，一直以來，的確困擾著一代又一代的研究者。韓南提出他的「風格判準」，主要依據編撰者在處理對話的習慣、特徵的風格來作為判斷的標準。筆者認為中國的白話小說比世界上任何其他地方的小說都更加充滿了對話，並且每個作者在對話開始和結束時都有其特殊的處理方式。而從這些不同的方式中，可以看出不同時代的不同處理方法。在不同時期自然形成的一組一組的短篇小說，都有某種類似的特徵，並且可以加以驗證。整體而言，筆者認為，藉由「風格判準」來考察作品，並依此來判斷作者的作品，比判斷時代來的更為有效。韓南以豐富的史料和科學的分析，為我們勾勒出中國文學史上曾經輝煌的中國白話短篇小說的原貌。

　　韓南的研究對國內外研究白話短篇小說的發展具有重大的突破和意義。此外，韓南的「風格判準」的方法論在中文學界迄今尚未有學者做全面而深入的探究，筆者也希望藉由本論文對於韓南在中國白話小說研究的再研究，可作為中文學界未來研究的參考。

第七章　結　論

　　在研究中國白話短篇小說的領域中，美國漢學家韓南嚴謹的研究及貫穿中西的學術觀點，他以一個「外在者」的角度來分析中國白話小說，這本身就是東西方文化的對話與交流。韓南雖身為國外學者，但他自身的考證功夫卻是深受中美學界所欽佩與推崇的。本章旨在為本文所作研究之綜合性敘述，並依此提出韓南對中國白話小說研究的貢獻以及未來研究之展望。

第一節　韓南的中國白話小說研究之貢獻

　　韓南在白話小說的研究、李漁研究以及言情小說研究等方面，有其獨到見解。韓南的研究最引人注目的原因是，他考證了宋元以來中國白話短篇小說的年代、作者及撰述問題。而研究成果主要體現在他的兩本專著 *The Chinese Short Story: Studies in Dating, Authorship, and Composition*（《中國短篇小說：關於年代、作者和撰述問題的研究》）及 *The Chinese Vernacular Story*（《中國白話小說史》）上，前者主要為韓南的研究方法及運用「風格判準」對宋元以來的中國白話短篇小說做一分期整理，後者則是運用此一方法整理分期後對不同時期的小說做一詳細的分析並提出研究觀點。

　　從韓南的著作中，探討韓南對於中國白話短篇小說的研究之內涵，可以了解他對於中國白話小說研究的脈絡及觀點，茲略述如下：

　　一、對於中國白話短篇小說的分期及來源，提供學界一個新的方法：韓南認為現存的早期白話小說中主要來自洪楩編的《六十家小說》與馮夢龍的《喻世明言》、《警世通言》、《醒世恆言》。根據他的分類，現存白話小說可依「風

格判準」分為三個時期：早期（1250 年至 1450 年）、中期（1400 年至 1575 年）與晚期（1550 年至 1627 年）。

　　二、針對馮夢龍的生平及思想提出自己的看法：他認為馮夢龍很少去談文學的性質及價值問題，且不重視純文學。馮夢龍強調用詞平易，且只關心小說及戲曲的內容是否對於世道有幫助。韓南認為「三言」中共有 22 篇可以肯定為馮夢龍經手或改寫，另有 13 篇不能完全肯定但可能是馮夢龍所著。他經常使用文言文材料改編成白話故事，但卻沒用過戲劇或唱詞的材料。

　　三、韓南認為《醒世恆言》的作者為席浪仙，而非馮夢龍：韓南使用「風格判準」法判斷馮夢龍的《醒世恆言》一書應該有其他編者或作者參與其中，而根據他所提出的標準推斷該作者是《石點頭》的作者席浪仙。

　　四、對於凌濛初小說表現的技巧給予肯定：中文學界普遍關心凌濛初對於「無奇之奇」的重視，但韓南關注的卻是凌濛初小說表現的技巧。兩者對於凌濛初的改編、創造能力，賦予了舊材料全新的生命皆給予肯定。

　　五、韓南提到，李漁的美學價值觀是最為突出的表現：他認為，李漁要求戲劇是要語言淺白、結構有條理、少用方言及典故、要能被理解的，韓南也指出李漁的小說帶有明顯的個人風格。

　　六、將艾衲的《豆棚閒話》的地位向上提升：韓南認為艾衲的目的是寫出有思想的小說，他運用許多富含模糊意思的歧義。小說中常用機智且間接的諷刺筆法來處理。他認為《豆棚閒話》在中國白話文學上的地位意義非凡，作為框架小說在中國文學史上具有獨特的地位。《豆棚閒話》不只改變了舊時的敘述習慣，去掉敘述者的判決效果，也放鬆對情節架構的要求。

　　除了對於中國白話短篇小說內容的研究外，韓南利用西方文學理論及詮釋的角度，提出自己的一套研究方法，這樣獨特的研究方法，也為學界注入活水，提更了一個新的研究方向。其研究方法特色如下：

　　一、以風格作為判斷標準的「風格判準」法：主要依據編撰者在處理對話的習慣、特徵的風格來作為判斷的標準。他認為在小說中，文體是經過作者思考而成的語言，利用寫作上的風格、作者用詞及處理文字的方式，來區分作品的時間順序，是在資源不足的情況下最好的方法。

　　二、以「風格判準」法為基礎，進一步區分小說的時間及作者：韓南主要依據「風格判準」分析及小說中的內證及外證來將小說分類。他提出區分小說

群體的標準，而且透過檢驗也證明該標準確實有助於分辨短篇小說的寫作年代。而在利用「風格判準」法將小說分期的過程中，韓南也發現，這些採用的標準也能進一步分析出各個作者間的區別。

三、以敘事學觀點來分析文本中的內容：韓南藉由敘事者角色的心理分析及觀點，來深入研究文文本的內容。他研究中國小說多從敘事學角度來探究，且因具有古典文學和現代文學研究的深厚基礎，研究文本時更能顯示出獨到的功力。

四、形式主義及結構主義的交互應用：韓南以形式主義來界定語句及語言形式的不同，即將其分類，運用統計的方法來驗證其論點。且在考證文本時也會運用結構主義的概念，將故事中的情節分類。主題結構的分析在他的白話小說中佔很重的部分，藉由分析結構，他可將其分類並再細分其內容，探討內容背後所存在的含義。韓南有意識地調和各家學說來建立自己的敘事學體系，在中國古典小說理論中是一個創舉，但他並沒有完全照搬西方文學理論，而是根據中國古典小說的實際情況作了應有的調整。

全面檢驗韓南的中國白話短篇小說的論著，發現其研究方法雖然繁多且複雜，但筆者發現他試圖突破和超越自已原來的西方理論模式，在分析評論中國白話短篇小說時能靈活的運用西方文學理論，發展出自己的一套模式，進而達到一個新的、獨特的境界。

根據筆者對韓南中國白話短篇小說研究之分析與討論，韓南在中國白話小說研究上的貢獻可以歸納出如下：

一、韓南以一人之力從事中國白話小說的研究，雖未涉及全部的白話小說，僅針對白話短篇小說進行研究，但已經構成其獨特的白話短篇小說研究體系，也為美國漢學界的中國白話短篇小說研究另闢蹊徑。

二、他提出「風格判準」從大量的第一手資料爬梳整理研究，釐清整個白話小說史的發展脈絡，在有限的文獻下去判別作品的寫作年代，利用作品本身存在的風格、內證與外證，以文本本身來判斷其寫作年代。

三、以敘事者觀點來詳盡的討論各分期的中國白話短篇小說，探討作者與敘事者之間的關係，賦予小說研究的新觀點。

四、他利用「風格判準」考證出「三言」中的《醒世恆言》主要的編作者應是《石點頭》作者席浪仙，而非一般學界所認為的馮夢龍。

　　五、韓南賦予李漁、艾衲等人的小說文學史上重要的地位,他提出李漁小說的成就不比戲劇成就差,李漁的小說特色就在於它與戲劇的密不可分。另外韓南也提出《豆棚閒話》作為框架小說在中國文學史上具有獨特的地位。

　　六、在中國白話短篇小說研究上融合中西方考證理論,成一家之言。他並不會因為身為「他者」就缺乏對中國特有文化設身處地的來做思考及評論,他反而能將西方理論與中國嚴謹的考證功夫結合,不被文化語言隔閡,又能展現其獨特的研究觀點。

　　綜言之,韓南對中國白話小說的研究,不論在美國漢學界,還是中文學界的白話短篇小說研究者而言,實屬於此領域研究的第一人。綜觀兩岸三地的白話短篇小說研究,部分學者關注的焦點往往只在作者及作品內容的賞析,卻對短篇小說的寫成年代、真實的執筆人等不太重視。除了韓南外,未有如此嚴謹的考證短篇白話小說的年代與作者及小說的敘事者觀點。這種嶄新的短篇小說研究方法及觀點無論在美國漢學界或是中文學界都實屬翹楚。

　　韓南在研究中國白話短篇小說的領域上實為一代的里程碑,他利用「風格判準」解決中文學界無法解決的宋元小說年代問題,以及小說作者問題,他提出的方法具有大量證據及考證佐證,以現階段證據而言,我們不能斷定韓南判斷是否正確,但若沒有新的證據出現,他所提出的理論仍具有一定的可信度及可行性,實際上也能為傳統中文學界研究帶來新的思考方向。

　　韓南對於《豆棚閒話》的文學史定位也具有極大的貢獻。他認為它本身的作品形式標誌著和馮夢龍等同時代人所採用,又與李漁的小說形式決裂,而且也標誌著與中國白話小說本身模式的決裂。韓南依據他比較文學視野,在對比世界名著《十日談》及《一千零一夜》的框架小說敘事後,賦予其在中國小說史上獨一無二的地位。

　　綜言之,雖然韓南的研究論點並非全部為中文學界所接受,有些地方可能需要再更加深入的探討,然而不可否認的他對考證所下的功夫,資料的收集、爬梳,利用「風格判準」來解決作品的寫作順序,運用許多鮮為人知的文獻材料。他貫通中西的學術觀點、嚴謹的科學研究方法,實為中國白話小說帶來新的氣象。韓南以一個域外學者的身份研究中國白話小說,雖然有其濃厚的西方文學理論基礎背景,但在考證、研究中國白話小說時,卻能融合中西方觀點、理論,從不同的角度切入,思考小說研究的可能性,這種嚴謹、創新的研究方法,值得中文學界借鏡。

第二節　未來之研究展望

　　2014 年四月，韓南的逝世，標誌著美國漢學界研究執牛耳者一個時代的終結，如何能在前輩大師的學術遺產下，使學術研究、理論傳燈不絕，是我們當下所需思考的問題。

　　在中文學界研究中國白話短篇小說的研究者多以小說內容、作者背景來分析其作品所藏的蘊含。韓南所提出的「風格判準」以形式主義來界定語句及語言形式的不同，將其分類，運用數學統計的方法來驗證其論點。一般中文學者並不會使用這樣西方式的科學證據。然而韓南卻運用這些統計化、數值化的證據來證明其論點，雖然他也認為這樣的方法還是有其風險，但在文本材料侷限的情況下，這樣的方法卻也許能解決歷年無人可解的問題，這都是值得中文學界所深入研究的。

　　根據本文之研究，可以看出韓南中國白話短篇小說研究的獨特內涵及研究方法。關於韓南及其學術研究，台灣方面研究者寥寥可數，可說是幾乎沒有。反觀大陸方面，雖然研究者也不多，但卻有多本韓南專著的中文翻譯本，美國漢學家們獨特的研究視角，正引進大陸。筆者認為多元的視角、觀點的呈現，不同文化間的交流對話，對傳統中文學界研究白話短篇小說而言，應有正面實質的助益。

　　此外，筆者認為從事中國白話小說研究的學者們，在中文學界展現中國傳統文化的不同特色時，更應該努力顯示中文研究者到底能給西方帶來何種寬闊的視野，在西方漢學家方面，除了盡情運用西方理論分析中國文學外，也應該設身處地的站在中國傳統文化背景下，審視對中國小說的研究，這樣一來定能較為精確地進行中西方的對話。筆者亦希望本文能為台灣研究白話短篇小說與韓南的文學理論研究提供一種新的視野，並能在日後白話短篇小說的研究上有所突破。

參考文獻

一、Patrick Hanan 之著作

（一）專書

1. Hanan, Patrick. *The Chinese Short Story: Studies in Dating, Authorship, and Composition*, Cambridge: Harvard University Press, 1973.

2. Hanan, Patrick. *The Technique of Lu Hsun's Fiction*, Cambridge: Harvard University Press, 1974.

3. Hanan, Patrick. *The Chinese Vernacular Story,* Cambridge: Harvard University Press, 1981.

4. Hanan, Patrick. *The Invention of Li Yu*, Cambridge: Harvard University Press, 1988.

5. Hanan, Patrick. *Silent Operas*, Hong Kong: Chinese University of Hong Kong, 1990.

6. Hanan, Patrick. *A Tower for the Summer Heat*, New York: Columbia University Press, 1992.

7. Hanan, Patrick. *The Sea of Regret: Two Turn-of-the-Century Chinese Romantic Novels*, Honolulu: University of Hawaii Press, 1995.

8. Hanan, Patrick. *The Carnal Pray Mat*, Honolulu: University of Hawaii Press, 1996.

9. Hanan, Patrick. *The Money Demon*, Honolulu: University of Hawaii Press, 1999.

10. Hanan, Patrick. *Chinese Fiction of the Nineteenth and Early Twentieth Centuries*, New York: Columbia University Press, 2004.

（二）期刊論文

1. Hanan, Patrick. "A Landmark of the Chinese Novel," *University of Toronto Quarterly* 30/3（Apr.1961）, pp. 325～335.

2. Hanan, Patrick. "The Nature and Content of the Yüeh-Fu Hung-Shan," *Bulletin of the School of Oriental and African Studies* 26/2（1963）, pp. 346～361.

3. Hanan, Patrick. "The Development of Fiction and Drama," in Raymond Dawsoned., *The Legacy of China*（London: Clarendon Press,1964）, pp 126 ～127.

4. Hanan, Patrick. "The Early Chinese Short Story: A Critical Theory in Outline," *Harvard Journal of Asiatic Studies* 27（1967）, pp. 168～207.

5. Hanan, Patrick. "The Authorship of Some Ku-chin Hsiao-shuo Stories," *Harvard Journal of Asiatic Studies* 29（1969）, pp. 190～200.

6. Hanan, Patrick. "Sung and Yüan Vernacular Fiction: A Critique of Modern Method of Dating," *Harvard Journal of Asiatic Studies* 30（1970）, pp. 159 ～184.

7. Hanan, Patrick. "The Composition of the Ping-yao Chuan," *Harvard Journal of Asiatic Studies* 31（1971）, pp. 201～219.

8. Hanan, Patrick. "The Making of The Pearl-sewn Shirt and The Courtesan's Jewel Box," *Harvard Journal of Asiatic Studies* 33（1973）, pp.124～153.

9. Hanan, Patrick. "The Yün-men Chuan: from Chantefable to Short Story," *Bulletin of the School of Oriental and African Studies* 36/2 （1973）, pp.299 ～308.

10. Hanan, Patrick. "The Technique of Lu Hsün's Fiction," *Harvard Journal of Asiatic Studies* 34（1974）, pp.53～96.

11. Hanan, Patrick. "Judge Bao's Hundred Cases Reconstructed," *Harvard Journal of Asiatic Studies* 40/2 （Dec.1980）, pp.301～323.

12. Hanan, Patrick. "Illusion of Romance and the Courtesan Novel," *Harvard Journal of Asiatic Studies* 58/2 （Dec. 1998）, pp.345～372.

13. Hanan, Patrick. "The Autobiographical Romance of Chen Diexian," *Lingnan Journal of Chinese Studies* 2 （Oct. 2000）, pp.261～281.

14. Hanan, Patrick. "The Missionary Novels of Nineteenth-Century China," *Harvard Journal of Asiatic Studies* 60/2 （Dec. 2000）, pp.413～443.

15. Hanan, Patrick. "The Bible as Chinese Literature: Medhurst, Wang Tao, and the Delegates' Version," *Harvard Journal of Asiatic Studies* 63/1 （Jun. 2003）, pp.197～239.

二、其他論著

（一）英文部分

1. Birch, Cyril. "Some Formal Characteristics of the hua-pen Story", *Bulletin of the School of oriental and African Studies* 17（1955）, pp. 346～364.

2. Birch, Cyril. "Feng Meng-lung and the Ku-chin Hsiao-shuo," *Bulletin of the School of Oriental and African Studies* 18 （1956）, pp. 64～83.

3. Bishop, John L.. "Some Limitations of Chinese Fiction," *Far Eastern Quarterly* 15/2 （Feb.1956）, pp.239～247.

4. Bishop, John L. *The Colloquial Short Story in China: A Study of the San-yen Collections*, Cambridge: Harvard University Press, 1956.

5. Hightower, James Robert. *Topics in Chinese Literature: Outlines and Bibliographies*, Cambridge: Harvard University Press, 1953.

6. Hsia, C. T.. *The Classic Chinese Novel*, New York: Columbia University Press,1996.

7. Idema, W. L.. *Chinese Vernacular Fiction: the Formative Period*, Leiden: Brill, 1974.

8. Liangyan, Ge. *Out of the Margins: The Rise of Chinese Vernacular Fiction*, Honolulu: University of Hawaii Press, 2001.

9. Ma, Y. W. & Lau, Joseph S. M.. *Traditional Chinese Stories: Themes and Variations*, New York: Columbia University Press, 1978.

10. Meir, Shahar. *Crazy Ji: Chinese Religion and Popular Literature*, Cambridge: Harvard University Press, 1998.

11. Northrop, Frye. *Anatomy of Criticism: Four Essays*, New York: Princeton University Press, 1957.

12. Watt, Ian. *TheRise of the Novel: Studies in Defoe, Richardson, and Fielding*, Berkeley: University of California Press, 1957.

13. Yang, Shuhui. *Appropriation and Representation: Feng Menglong and the Chinese Vernacular Story*, Berkeley: Center for Chinese Studies, The University of California, 1998.

（二）中文部分

專書

1. 小野四平，施小煒、邵毅平、吳天錫、張兵譯：《中國近代白話短篇小說研究》，上海：上海古籍出版社，1997 年。

2. 于天池、李書：《宋金說唱伎藝》，台北：秀威資訊科技，2008 年。

3. 王秋桂：《韓南中國古典小說論集》，臺北：聯經出版事業公司，1979 年。

4. 王岳川：《現象學與解釋學文論》，山東：山東教育出版社，1999 年。

5. 王汝梅、張羽：《中國小說理論史》，杭州：浙江古籍，2001 年。

6. 王德威著，宋偉杰譯：《被壓抑的現代性：晚清小說新論》，臺北：麥田出版社，2003 年。

7. 王平：《明清小說傳播研究》，濟南：山東大學出版社，2006 年。

8. 支宇：《文學批評的批評》，北京：中國社會科學出版社，2004 年。

9. 伊恩·瓦特著，高原、董紅鈞譯：《小說的興起》，北京：三聯書店，1992 年。

10. 克里斯多福·諾利斯著，劉自荃譯：《解構批評理論與應用》，臺北：駱駝出版社，1995 年。

11. 杜濬：《無聲戲》，北京：人民文學，2006 年。

12. 杜濬：《十二樓》，北京：人民文學，2006 年。

13. 林明德：《晚清小說研究》，臺北：聯經出版事業公司，1988 年。

14. 金明求：《虛實空間的轉移與流動－宋元話本小說的空間探討》，臺北：大安出版社，2004 年。

15. 胡士瑩：《話本小說概論》，北京：中華書局，1980 年。

16. 胡曉真：《世變與維新──晚明與晚清的文學藝術》，臺北：中央研究院中國文哲研究所，2001 年。

17. 胡萬川：《真假虛實：小說的藝術與現實》，臺北：大安出版社，2005年。

18. 侯健：《中國小說比較研究》，臺北：東大圖書股份有限公司，2005年。

19. 徐志平：《晚明話本小說石點頭研究》，台北：台灣學生，1991年。

20. 徐志平、黃錦珠：《明清小說》，臺北：黎明文化出版，1996年。

21. 孫太、王祖基：《異域之境：哈佛中國文學研究四大家 宇文所安、韓南、李歐梵、王德威》，北京：科學出版社，2016年。

22. 馬幼垣、劉紹銘、胡萬川編：《中國傳統短篇小說選集》，臺北：聯經出版事業有限公司，1979年。

23. 馬幼垣：《中國小說史集稿》，臺北：時報文化出版企業有限公司，1987年。

24. 馬幼垣：《實事與構想：中國小說史論釋》，台北：經聯出版社，2007年。

25. 馬克·科里：《後現代敘事理論》，北京：北京大學，2003年。

26. 孫楷第：《論中國短篇白話小說》，上海：長風書店，1953年。

27. 夏志清：《中國古典小說導論》，安徽：安徽文藝出版社，1988年。

28. 夏志清：《中國古典小說》，台北：聯合文學，2016年。

29. 陳平原：《中國小說敘事模式的轉變》，北京：北京大學，2003年。

30. 陳平原、王德威、商偉：《晚清與晚明：歷史傳承與文化創新》，湖北：湖北教育出版社，2002年。

31. 陳大康：《明代小說史》，北京：人民文學，2007年。

32. 崔桓：《三言題材研究》，台北：台灣大學中國文學研究所碩士論文，1985年。

33. 張錯：《西洋文學術語手冊》，臺北：書林出版有限公司，2005年。

34. 康來新：《晚清小說理論研究》，臺北：大安出版社，1999年。

35. 黃錦珠：《晚清時期小說觀念之轉變》，臺北：文史哲出版社，1995年。

36. 黃麗貞：《李漁研究》，臺北：國家出版社，1995年。

37. 黃霖、許建平：《中國小說研究史》，杭州：浙江古籍，2002年。

38. 傅承洲：《明清文人話本研究》，北京：人民文學，2009年。

39. 葉朗：《中國小說美學》，臺北：里仁書局，1994年。

40. 葉桂桐：《中國古代小說概論》，台北：文津出版社，1998年。

41. 楊義：《中國古典白話小說史論》，臺北：幼獅文化事業股份有限公司，1995年。

42. 楊義：《中國敘事學》，北京：人民出版社，2004 年。

43. 楊義、白雪華：《二拍選評》，香港：三聯書店出版，2006 年。

44. 楊義：《中國古典小說十二講》，香港：三聯書店出版，2006 年。

45. 赫伯特著，韓玉蘭、黃絹絹譯：《雅俗之間》，臺北：允晨出版社，1985 年。

46. 魯迅：《中國小說史略》，北京：人民文學，1981 年。

47. 劉勇強：《話本小說敘論：文本詮釋與歷史構建》，北京：北京大學出版社，2015 年。

48. 蕭欣橋、劉福元：《話本小說史》，杭州：浙江古籍，2003 年。

49. 繆咏禾：《馮夢龍和三言》，台北：萬卷樓，1993 年。

50. 薛洪勣：《傳奇小說史》，浙江：浙江古籍出版社，1998 年。

51. 戴衛·赫爾曼：《新敘事學》，北京：北京大學，2002 年。

52. 韓南著，徐俠譯：《中國近代小說的興起》，上海：上海教育出版社，2004 年。

53. 譚正璧：《中國小說發達史》，上海：光明書局，1935 年。

54. 龔鵬程：《中國小說史論》，臺北：台灣學生書局，2003 年。

期刊論文

1. 王麗娜：〈《三言二拍》與《古今奇觀》海外藏本、外文翻譯及研究著作〉，《中華文史論叢》（1984 年 1 月）。

2. 王齊洲：〈中國小說起源探跡〉，《文學遺產》第 1 期（1985 年），頁 4～6。

3. 王靖宇：〈中國傳統小說研究在美國〉，收入林徐典編：《漢學研究之回顧與前瞻》（北京：中華書局，1995 年）。

4. 王敏：〈近十年來《三言》《二拍》研究綜述〉，《社科縱橫》第 5 期（1995 年）。

5. 王榮華、張惠玲：〈宋代「說話」家數平義〉，《社科縱橫》第 4 期（1999 年）。

6. 王炎：〈跨文化視域：北美漢學的歷史與現狀〉，《文藝研究》第 1 期（2008 年），頁 73～79。

7. 王言鋒：〈二十世紀中國古代白話短篇小說研究概述〉，《燕山大學學報》第 9 卷第 1 期（2008 年 3 月），頁 135～138。

8. 王新航:〈理想與現實之間-宋人昭君詩主題的一種解讀〉,《宿州教育學院學報》第 14 期,第 3 期(2011 年),頁 14～17。

9. 任虎軍:〈21 世紀中國對美國漢學界的中國小說研究之研究〉,《東亞漢學研究(特別號)》(2014 年 12 月),頁 150～162。

10. 曲楠:〈李漁觀看術:多角色的「喜劇」與跨文體的「創造」——以韓南《創造李漁》為中心〉,《華文文學》第 130 期(2015 年 5 月),頁 31～38。

11. 杜若:〈宋人的白話小說〉,《自由談》第 32 卷第 2 期(1970 年 2 月)。

12. 杜奕英:〈談中國短篇小說中的話本藝術〉,《東海文藝》第 2 期(1971 年 1 月)。

13. 李哲賢:〈美國漢學研究的概況〉,《文理通識論壇》第 1 期(1998 年 6 月),頁 1～6。

14. 何敏:〈西方漢學家視閾下中國古典小說的版本與源流研究——以韓南的《金瓶梅》研究為中心〉,《中華文化論壇》第 11 期(2017 年),頁 127～134。

15. 宋莉華:〈美國漢學視閾中的近代小說研究及其學術史意義——以韓南為考察中心〉,《上海師範大學學報》第 46 卷第 3 期(2017 年 5 月),頁 5～10。

16. 周發祥:〈試論西方漢學界的「西論中用」現象〉,《文學評論》第六期(1997 年),頁 133～139。

17. 周楞伽:〈中國小說的發源和演變〉,《上海師範大學學報》第 2 期(2004 年),頁 71～76。

18. 范寧:〈馮夢龍和他編撰的《三言》〉,《文學遺產》增刊 1 卷 13 期(1963 年)。

19. 胡萬川:〈馮夢龍所編話本小說「三言」的版本與流傳〉,《中華文化復興月刊》第 9 卷第 6 期(1976 年 6 月)。

20. 胡萬川:〈京本通俗小說的新發現〉,《中華文化復興月刊》第 10 卷第 10 期(1977 年 10 月)。

21. 胡萬川:〈從馮夢龍編輯舊作的態度談所謂宋代話本〉,《古典文學》第二集(臺北:臺灣學生書局,1980 年 12 月)。

22. 胡曉真、白芝、艾朗諾、陳毓賢、魏艾連、宇文所安、李歐梵、王德威、張宏生著，王翎譯：〈韓南教授紀念專輯〉，《中國文哲研究通訊》第 24 卷 4 期（2014 年 12 月），頁 1～35。

23. 苑平玉：〈論馮夢龍對話本的編撰〉，《貴州文史叢刊》第 1 期（1984 年）。

24. 段江麗：〈理學與《三言》、《二拍》中的道德說教〉，《湖南師範大學社會科學學報》第 3 期（1993 年）。

25. 侯且岸：〈論美國漢學史研究〉，《新視野》（2000 年 4 月），頁 75～76。

26. 孫麗華：〈韓南《中國白話小說史》的特徵及意義──中國古代小說研究的域外視野〉，《山東社會科學》第 232 期（2014 年 12 月），頁 98～102。

27. 張兵：〈話本小說的美學特徵〉，《人文雜誌》第 6 期（1990 年）。

28. 張宏生：〈傳統與現代：方法的開放與包容──韓南教授的中國古典小說研究〉，《南京大學學報》第 4 期（1998 年），頁 38～42。

29. 張冰妍、王確：〈北美漢學家韓南之研究對中國文學的影響──以《金瓶梅》為例〉，《東北師大學報》第 269 期（2014 年），頁 149～153。

30. 張三夕：〈中國通俗小說史研究的文獻問題〉，《內江師範學院學報》第 31 卷第 1 期（2016 年），頁 8～11。

31. 梁复明：〈從文化淵源和文化觀念看中西方小說的起源及發展軌跡〉，《廣西大學梧州分校學報》第 16 卷第 3 期（2006 年），頁 70～75。

32. 程千帆、吳新雷：〈關於宋代的話本小說〉，《社會科學戰線》第 3 期（1981 年）。

33. 普實克‧雅羅斯拉伕，陳修和譯：〈中國中世紀小說裡寫實與抒情的成分〉，《中國古典小說研究專集3》（台北：聯經出版社，1981 年），頁 89～102。

34. 葉慶炳：〈短篇話本的常用佈局〉，《中外文學》第 8 卷第 3 期（1979 年），頁 80～90。

35. 鄧駿捷、曾嘉文：〈英語漢學界宋元話本小說研究述評〉，《東亞漢學研究》第 5 期（2015 年），頁 397～406。

36. 翟猛：〈20 世紀 60 年代美國對中國當代文學的研究〉，《華文文學》第 142 期（2017 年 5 月），頁 71～76。

37. 歐陽楨著，張芳齡譯：〈中國小說的研究途徑〉，收於王秋桂編：《中國文學論著譯叢》，臺北：臺灣學生書局，1985 年），頁 3～8。

38. 歐陽健:〈《三言》《兩拍》中發跡變泰主題新說〉,《文史哲》第 5 期(1985年)。

39. 劉躍進:〈近代美國的中國古代文學研究掠影〉,《福州大學學報(哲學社會科學版)》第 1 期(2001 年),頁 58～65。

40. 劉勇強:〈中國古代小說域外傳播的幾個問題〉,《上海師範大學學報》第36 卷第 5 期(2007 年),頁 31～39。

41. 劉曉暉、朱源:〈派屈克・韓南的翻譯價值思維管窺——以晚清小說《風月夢》的英譯為例〉,《中國比較文學》第 106 期(2017 年),頁 83～95。

42. 蕭立:〈韓南與明清文學〉,《國際漢學漫步》,石家莊:河北人民出版社,1997 年),頁 165～270。

43. 冀運魯:〈二十世紀《平妖傳》研究綜述〉,《語文學刊》第 7 期(2006 年),頁 18～21。

44. 錢靈傑、操萍:〈帕特里克・韓南中國小說英譯研究析論〉,《洛陽理工學院學報》第 32 卷第 2 期(2017 年 4 月),頁 24～27。

45. 魏思齊:〈美國漢學研究的概況〉,《漢學研究通訊》第 102 期(2007 年 5月),頁 30～39。

46. 顧鈞:〈韓南對中國近代小說的研究〉,《明清小說研究》第 4 期(2010 年),頁 135～144。

附錄一：韓南分類現存短篇小說篇目

洪楩　六十家小說／清平山堂話本

洪本 1	柳耆卿詩酒玩江樓記	洪本 11	陰騭積善	洪本 21	羊角哀死戰荊軻
洪本 2	簡帖和尚公案傳奇	洪本 12	陳巡檢梅嶺失妻記	洪本 22	死生交范張雞黍
洪本 3	西湖三塔記	洪本 13	五戒禪師私紅蓮記	洪本 23	老馮唐直諫漢文帝
洪本 4	合同文字記	洪本 14	刎頸鴛鴦會	洪本 24	漢李廣世號飛將軍
洪本 5	風月瑞仙亭	洪本 15	楊溫攔路虎傳	洪本 25	夔關姚卞弔諸葛
洪本 6	藍橋記	洪本 16	花燈轎蓮女成佛記	洪本 26	雪川蕭琛貶霸王
洪本 7	快嘴李翠蓮記	洪本 17	曹伯明錯勘贓記	洪本 27	李元吳江救朱蛇
洪本 8	洛陽三怪記	洪本 18	錯認屍	洪本 28	梅杏爭春
洪本 9	風月相思	洪本 19	董永遇仙傳	洪本 29	翡翠軒
洪本 10	張子房慕道記	洪本 20	戒指兒記		

熊龍峰所刊小說

熊本 A	張生彩鸞燈傳	熊本 C	馮伯玉風月相思小說
熊本 B	蘇長公章台柳傳	熊本 D	孔淑芳雙魚扇墜傳

通俗類書中的小說

1	張于湖宿女真觀	6	柳耆卿翫江樓記
2	鄭元和嫖遇李亞仙記	7	綠珠墜樓記
3	錢塘夢	8	裴秀娘夜遊西湖
4	相思記	9	杜麗娘慕色還魂
5	紅蓮女淫玉通禪師	10	東坡佛印二世相會

古今小說／喻世明言

古今1	第一卷 蔣興哥重會珍珠衫	古今21	第二十一卷 臨安里錢婆留發跡
古今2	第二卷 陳御史巧勘金釵鈿	古今22	第二十二卷 木綿庵鄭虎臣報冤
古今3	第三卷 新橋市韓五賣春情	古今23	第二十三卷 張舜美燈宵得麗女
古今4	第四卷 閒雲庵阮三冤債	古今24	第二十四卷 楊思溫燕山逢故人
古今5	第五卷 窮馬周遭際賣䭔媼	古今25	第二十五卷 晏平仲二桃殺三士
古今6	第六卷 葛令公生遣弄珠兒	古今26	第二十六卷 沈小官一鳥害七命
古今7	第七卷 羊角哀舍命全交	古今27	第二十七卷 金玉奴棒打薄情郎
古今8	第八卷 吳保安棄家贖友	古今28	第二十八卷 李秀卿義結黃貞女
古今9	第九卷 裴晉公義還原配	古今29	第二十九卷 月明和尚度柳翠
古今10	第十卷 滕大尹鬼斷家私	古今30	第三十卷明悟禪師趕五戒
古今11	第十一卷趙伯升茶肆遇仁宗	古今31	第三十一卷 鬧陰司司馬貌斷獄
古今12	第十二卷眾名姬春風吊柳七	古今32	第三十二卷 游酆都胡母迪吟詩
古今13	第十三卷張道陵七試趙升	古今33	第三十三卷 張古老种瓜娶文女
古今14	第十四卷陳希夷四辭朝命	古今34	第三十四卷 李公子救蛇獲稱心
古今15	第十五卷史弘肇龍虎君臣會	古今35	第三十五卷 簡帖僧巧騙皇甫妻
古今16	第十六卷范巨卿雞黍死生交	古今36	第三十六卷 宋四公大鬧禁魂張
古今17	第十七卷單符郎全州佳偶	古今37	第三十七卷 梁武帝累修成佛
古今18	第十八卷楊八老越國奇逢	古今38	第三十八卷 任孝子烈性為神
古今19	第十九卷楊謙之客舫遇俠僧	古今39	第三十九卷 汪信之一死救全家
古今20	第二十卷陳從善梅嶺失渾家	古今40	第四十卷沈小霞相會出師表

警世通言

通言1	第一卷 俞伯牙摔琴謝知音	通言11	第十一卷 蘇知縣羅衫再合
通言2	第二卷 莊子休鼓盆成大道	通言12	第十二卷 范鰍兒雙鏡重圓
通言3	第三卷 王安石三難蘇學士	通言13	第十三卷 三現身包龍圖斷冤
通言4	第四卷 拗相公飲恨半山堂	通言14	第十四卷 一窟鬼癩道人除怪
通言5	第五卷 呂大郎還金完骨肉	通言15	第十五卷 金令史美婢酬秀童
通言6	第六卷 俞仲舉題詩遇上皇	通言16	第十六卷 小夫人金錢贈年少
通言7	第七卷 陳可常端陽仙化	通言17	第十七卷 鈍秀才一朝交泰
通言8	第八卷 崔待詔生死冤家	通言18	第十八卷 老門生三世報恩
通言9	第九卷 李謫仙醉草嚇蠻書	通言19	第十九卷 崔衙內白鷂招妖
通言10	第十卷 錢舍人題詩燕子樓	通言20	第二十卷 計押番金鰻產禍

通言 21	第二十一卷　趙太祖千里送京娘	通言 31	第三十一卷　趙春兒重旺曹家莊
通言 22	第二十二卷　宋小官團圓破氈笠	通言 32	第三十二卷　杜十娘怒沉百寶箱
通言 23	第二十三卷　樂小舍拚生覓偶	通言 33	第三十三卷　喬彥傑一妾破家
通言 24	第二十四卷　玉堂春落難逢夫	通言 34	第三十四卷　王嬌鸞百年長恨
通言 25	第二十五卷　桂員外途窮懺悔	通言 35	第三十五卷　況太守斷死孩兒
通言 26	第二十六卷　唐解元一笑姻緣	通言 36	第三十六卷　皂角林大王假形
通言 27	第二十七卷　假神仙大鬧華光廟	通言 37	第三十七卷　萬秀娘仇報山亭兒
通言 28	第二十八卷　白娘子永鎮雷峰塔	通言 38	第三十八卷　蔣淑真刎頸鴛鴦會
通言 29	第二十九卷　宿香亭張浩遇鶯鶯	通言 39	第三十九卷　福祿壽三星度世
通言 30	第三十卷　金明池吳清逢愛愛	通言 40	第四十卷　旌陽宮鐵樹鎮妖

醒世恆言

恆言 1	第一卷　兩縣令競義婚孤女	恆言 21	第二十一卷　張淑兒巧智脫楊生
恆言 2	第二卷　三孝廉讓產立高名	恆言 22	第二十二卷　呂洞賓飛劍斬黃龍
恆言 3	第三卷　賣油郎獨占花魁	恆言 23	第二十三卷　金海陵縱慾亡身
恆言 4	第四卷　灌園叟晚逢仙女	恆言 24	第二十四卷　隋煬帝逸游召譴
恆言 5	第五卷　大樹坡義虎送親	恆言 25	第二十五卷　獨孤生歸途鬧夢
恆言 6	第六卷　小水灣天狐詒書	恆言 26	第二十六卷　薛錄事魚服證仙
恆言 7	第七卷　錢秀才錯占鳳凰儔	恆言 27	第二十七卷　李玉英獄中訟冤
恆言 8	第八卷　喬太守亂點鴛鴦譜	恆言 28	第二十八卷　吳衙內鄰舟赴約
恆言 9	第九卷　陳多壽生死夫妻	恆言 29	第二十九卷　盧太學詩酒傲公侯
恆言 10	第十卷　劉小官雌雄兄弟	恆言 30	第三十卷　李汧公窮邸遇俠客
恆言 11	第十一卷　蘇小妹三難新郎	恆言 31	第三十一卷　鄭節使立功神臂弓
恆言 12	第十二卷　佛印師四調琴娘	恆言 32	第三十二卷　黃秀才徼靈玉馬墜
恆言 13	第十三卷　勘皮靴單證二郎神	恆言 33	第三十三卷　十五貫戲言成巧禍
恆言 14	第十四卷　鬧樊樓多情周勝仙	恆言 34	第三十四卷　一文錢小隙造奇冤
恆言 15	第十五卷　赫大卿遺恨鴛鴦絛	恆言 35	第三十五卷　徐老僕義憤成家
恆言 16	第十六卷　陸五漢硬留合色鞋	恆言 36	第三十六卷　蔡瑞虹忍辱報仇
恆言 17	第十七卷　張孝基陳留認舅	恆言 37	第三十七卷　杜子春三入長安
恆言 18	第十八卷　施潤澤灘闕遇友	恆言 38	第三十八卷　李道人獨步雲門
恆言 19	第十九卷　白玉娘忍苦成夫	恆言 39	第三十九卷　汪大尹火焚寶蓮寺
恆言 20	第二十卷　張廷秀逃生救父	恆言 40	第四十卷　馬當神風送滕王閣

附錄二：韓南對於現存短篇小說的分期

洪楩　六十家小說／清平山堂話本

洪本 1	洪本 2	洪本 3	洪本 4	洪本 5	洪本 6	洪本 7	洪本 8	洪本 9	洪本 10
中期	早期 A	早期 C	中期	早期 B	中期	中期	早期 A	中期	中期
洪本 11	洪本 12	洪本 13	洪本 14	洪本 15	洪本 16	洪本 17	洪本 18	洪本 19	洪本 20
早期 B	中期	早期 C	中期	早期 A	早期 C	中期	中期	中期	中期
洪本 21	洪本 22	洪本 23	洪本 24	洪本 25	洪本 26	洪本 27	洪本 28	洪本 29	
中期	中期	中期	中期	中期	中期	中期	大概是中期	中期	

熊龍峰所刊小說

熊本 A	中期	熊本 C	中期
熊本 B	早期 C	熊本 D	中期

通俗類書中的小說

1	張于湖宿女真觀	早期 C	6	柳耆卿翫江樓記	中期
2	鄭元和嫖遇李亞仙記	中期	7	綠珠墜樓記	早期 B
3	錢塘夢	早期 C	8	裴秀娘夜遊西湖	中期
4	相思記	中期	9	杜麗娘慕色還魂	中期
5	紅蓮女淫玉通禪師	中期	10	東坡佛印二世相會	早期 C

古今小說／喻世明言

古今 1	古今 2	古今 3	古今 4	古今 5	古今 6	古今 7	古今 8	古今 9	古今 10
晚期	晚期	中期	中期	晚期	晚期	中期	晚期	晚期	晚期
古今 11	古今 12	古今 13	古今 14	古今 15	古今 16	古今 17	古今 18	古今 19	古今 20
早期 C	晚期	晚期	晚期	早期 A	中期	晚期	晚期	晚期	中期
古今 21	古今 22	古今 23	古今 24	古今 25	古今 26	古今 27	古今 28	古今 29	古今 30
晚期	晚期	中期	早期 A	中期	中期	晚期	晚期	中期	早期 C
古今 31	古今 32	古今 33	古今 34	古今 35	古今 36	古今 37	古今 38	古今 39	古今 40
晚期	晚期	早期 A	中期	早期 A	早期 A	晚期	中期	晚期	晚期

警世通言

通言 1	通言 2	通言 3	通言 4	通言 5	通言 6	通言 7	通言 8	通言 9	通言 10
晚期	晚期	晚期	晚期	晚期	早期 C	中期	早期 A	晚期	早期 B
通言 11	通言 12	通言 13	通言 14	通言 15	通言 16	通言 17	通言 18	通言 19	通言 20
晚期	晚期	早期 B	早期 A	晚期	早期 B	晚期	晚期	早期 A	早期 A
通言 21	通言 22	通言 23	通言 24	通言 25	通言 26	通言 27	通言 28	通言 29	通言 30
晚期	晚期	晚期	晚期	晚期	晚期	晚期	早期 C	早期 B	早期 B
通言 31	通言 32	通言 33	通言 34	通言 35	通言 36	通言 37	通言 38	通言 39	通言 40
晚期	晚期	中期	晚期	晚期	早期 C	早期 A	中期	早期 C	晚期

醒世恆言

恆言 1	恆言 2	恆言 3	恆言 4	恆言 5	恆言 6	恆言 7	恆言 8	恆言 9	恆言 10
晚期	晚期	晚期	晚期	晚期	晚期	晚期	晚期	晚期	晚期
恆言 11	恆言 12	恆言 13	恆言 14	恆言 15	恆言 16	恆言 17	恆言 18	恆言 19	恆言 20
晚期	早期 C	早期 C	早期 A	晚期	晚期	晚期	晚期	晚期	晚期
恆言 21	恆言 22	恆言 23	恆言 24	恆言 25	恆言 26	恆言 27	恆言 28	恆言 29	恆言 30
早期 C	晚期	晚期	晚期	晚期	晚期	晚期	晚期	晚期	晚期
恆言 31	恆言 32	恆言 33	恆言 34	恆言 35	恆言 36	恆言 37	恆言 38	恆言 39	恆言 40
早期 A	晚期	早期 C	晚期	晚期	晚期	晚期	晚期	晚期	晚期